JN419465

0~24개월 아이를 위한 유럽 감성 니트 21

손뜨개 아이 옷,

메이드 바이 마미

0~24개월 아이를 위한 유럽 감성 니트 21

손뜨개 아이 옷,
메이드 바이 마미

지은이 김원
펴낸이 정규도
펴낸곳 황금시간

초판 1쇄 발행 2018년 2월 19일
초판 2쇄 발행 2019년 2월 8일

편집 신소연 권명희
디자인 ALL design group
사진 김하영
일러스트 정영경 렌리시
모델 전서준 신서윤 양소윤

황금시간
Golden Time

주소 경기도 파주시 문발로 211
전화 (02)736-2031(내선 362~364)
팩스 (02)6677-7775

출판등록 제406-2007-00002호
공급처 (주)다락원
구입문의 전화: (02)736-2031(내선 250~252)
　　　　　　팩스: (02)732-2037

Copyright © 2018, 김원

저자 및 출판사의 허락 없이 이 책의 일부 또는 전부를 무단 복제·전재·발췌할 수 없습니다.
구입 후 철회는 회사 내규에 부합하는 경우에 가능하므로 구입문의처에 문의하시기 바랍니다.
분실·파손 등에 따른 소비자 피해에 대해서는 공정거래위원회에서 고시한 소비자 분쟁 해결 기준에 따라 보상 가능합니다.
잘못된 책은 바꿔 드립니다.

값 16,000원
ISBN 979-11-87100-52-2 13590

http://www.darakwon.co.kr
• 다락원 홈페이지를 통해 주문하시면 자세한 정보와 함께 다양한 혜택을 받으실 수 있습니다.
• 기타 문의사항은 황금시간 편집부로 연락 주십시오.

0~24개월 아이를 위한 유럽 감성 니트 21

손뜨개 아이 옷,
메이드 바이 마미

김원 지음

황금시간

뜨개와 처음 만났던 날을 아직도 기억합니다. 다섯 살 무렵 우연히 보게 된 한 권의 뜨개 책. 실과 바늘을 잡은 긴 손가락으로 만든 아름다운 편직물, 뜨개 방법을 알려주는 여러 기호가 담긴 그 책이 저에게는 마법사의 길로 인도하는 안내서 같았어요.

대학 졸업 후 훌쩍 떠났던 뉴욕. 번화한 도시에서 만난 작은 뜨개질 가게 안에는 사람들이 가득했습니다. 눈을 반짝이며 실을 고르는 사람들의 들뜬 표정, 새로운 기술을 가르치는 강사에게서 나오는 편안함과 여유에 다시 한번 손뜨개에 매료되었습니다.
혼자 뜨개질하면서 보내는 시간도 좋지만, 마음이 맞는 사람들과 모여서 뜨개질하는 것도 저한테는 아주 매력적이었어요. 이것이 제가 몇 년 전 한국에 돌아오자마자 두 평짜리 작은 작업실을 차리게 된 이유입니다.

바쁘고 정신없는 일과를 마무리하며, 혹은 오랜만에 찾아온 약속 없는 휴일을 뜨개와 함께하며 느린 시간이 주는 여유를 즐겨보세요. 마음 한구석의 시끄러웠던 일들에 대한 생각이 사라지며, 기분이 한결 가벼워진답니다.

무언가를 만들고 싶다면 지금 당장 용기를 내세요. 어렵게 완성한 작품이 들쭉날쭉 고르지 않거나 완벽하지 않아도 괜찮아요. 그게 바로 수작업의 매력이니까요.

책이 나오기까지 작업을 할 수 있도록 배려해 준 우리 가족, 사랑스러운 아기 모델들과 감성적인 사진을 찍어주신 작가님, 그리고 인내심을 갖고 도와주신 황금시간 출판사 관계자분들께 감사의 말씀을 드립니다.

김원

CONTENTS

WORK
작품

멜빵 블루머 & 바니 보닛

• 36 •

스트라이프 우주복

• 40 •

니트 바지

• 42 •

더블 버튼 카디건

• 44 •

코튼 프릴 원피스 & 버킷 모자

• 48 •

스트라이프 래글런 스웨터 & 폼폼 머플러

• 52 •

어깨 단추 베스트 & 폼폼 미니 백

• 56 •

청키 베스트

• 60 •

팝콘 래글런 스웨터 & 니트 스커트

• 62 •

장갑 & 골지 머플러

• 64 •

베이비 블랭킷

• 66 •

루스핏 숄칼라 카디건 & 베이직 골지 비니

• 68 •

01 프릴 리본 롬퍼 & 프릴 보닛

사랑스러운 프릴이 달린 롬퍼와 보닛이에요.

리본 끈을 달아 사랑스러움이 배가되는 거 같아요.

바디는 입었을 때 편안한 느낌을 주기 위해 볼륨감 있게 디자인했습니다.

b

a

HOW TO MAKE

p.112-117

베이직 롬퍼 & 보닛

민감하고 약한 아기 피부를 위해 오가닉 면실로 만든 롬퍼와 보닛이에요.
심플한 느낌을 주는 가터뜨기 기법을 응용해 만들었어요.

b

a

p.118-123

폼폼 아기 덧신

몽실몽실한 폼폼이 달린 덧신 모양의 아기 양말이에요.
겉뜨기만으로 완성해서 어렵지 않고,
오래 걸리지 않는 편이라 주변에 선물하기에도 부담이 없지요.

HOW TO
MAKE

p.124

골지 양말

보들보들한 베이비 알파카 실로 만든 아기 양말이에요.
종아리까지 올라오도록 만들어서 더 포근하답니다.

HOW TO
MAKE

p.125-126

05

브이넥 카디건 & 버킷 모자

여러모로 활용도가 높은 브이넥 카디건은 면으로 만들어 세탁하기에도 편해요.

버킷 모자는 소재에 따라 울로 만들면 겨울에, 면으로 만들면 봄가을에 활용할 수 있어요.

b

a

HOW TO
MAKE

p.127-130

Size : 12개월   Size : 24개월

래글런 스웨터 & 베이직 골지 비니

기본 스타일의 래글런 스웨터는 뒤쪽에 트임을 넣고 단추를 달아 완성했어요.
겨울이면 꼭 필요한 아이템 중 하나인 비니는 신축성이 좋은 골지 무늬로 만들었어요.

b

a

p.131-137

꼭지 모자

대바늘 다섯 개를 사용하는 원형뜨기는 언뜻 봐서는 매우 어려워 보이지만,
서너 줄만 뜨고 나면 '왜 이 바늘을 쓰지 않았던가!' 하는 생각이 들 거예요.
뜨면서 방향을 바꿀 필요 없고, 다 만들고 난 후 양쪽을 연결해야 하는 번거로움도 없답니다.
또 양쪽을 연결하지 않으니, 모자를 썼을 때 안쪽이 매끄러워 착용감이 좋아요.

HOW TO
MAKE

p.138

HOW TO
MAKE

p.139

08

베이비 크라운

날마다 조금씩 자라는 우리 아이 사진 찍는 재미, 엄마라면 다들 아시죠?
아기 머리에 살포시 얹은 왕관으로 더욱 특별한 사진을 남겨보세요.

캐시미어 골지 카디건

가장 기본 디자인이면서 어느 옷에 코디해도 예쁘게 연출할 수 있는 골지 무늬 카디건이에요.
가벼우면서 부드러운 캐시미어 실로 만들어보세요.

p.140-143

멜빵 블루머 & 바니 보닛

특별한 날 추천하고 싶은 아이템이에요.
멜빵 블루머를 입고 아장아장 걸어 다니는 아기는 아주 귀엽거든요.
토끼 귀를 단 보닛을 씌우면 귀여움은 배가된답니다.

a

b

p.144-147

p.148-152

스트라이프 우주복

앞에 단추를 단 니트 우주복이에요.
아직 걷지 못하는 우리 아이의 스타일리시한 외출복이랍니다.

니트 바지

내복 위에 입혀 포근하게 외출할 수 있도록 만든 니트 바지예요.
책에 소개된 도안을 응용해서 칠푼 바지로 만들거나,
간단한 무늬를 넣어도 좋아요.

HOW TO MAKE

p.153-155

13

더블 버튼 카디건

가터뜨기를 이용해 만든 도톰한 더블 버튼 카디건이에요.
가로 품을 넉넉하게 디자인해 아이가 편하게 입을 수 있어요.

p.156-158

▽14 코튼 프릴 원피스 & 버킷 모자

한여름에 시원하게 입을 수 있도록 면실로 만든 원피스에요.
민소매에 러플을 달아 사랑스럽게 연출했어요.
버킷 모자의 챙 길이는 원하는 대로 조절해서 뜰 수 있어요.

b

a

HOW TO MAKE

p.159-161

15

스트라이프 래글런 스웨터 & 폼폼 머플러

경쾌한 스트라이프를 넣은 래글런 스웨터입니다.
루스한 목선과 뒤트임 단추가 또 하나의 포인트에요.
세트로 디자인한 머플러는 빨간색 폼폼을 양쪽 끝에 달아 귀여운 느낌을 더했어요.

a

b

HOW TO
MAKE

p.162-165

어깨 단추 베스트 & 폼폼 미니 백

쉽게 입히고 벗길 수 있도록 어깨에 단추를 달아 만든 조끼에요.
가운데 스트라이프는 원하는 느낌대로 디자인해 만들어보세요.
같이 매치한 폼폼 미니 백은 사탕이나 작은 물병 등 간단한 간식을 담기 좋아요.

a

HOW TO
MAKE

p.166-169

b

HOW TO
MAKE

p.170

청키 베스트

겉뜨기만 하는 가터뜨기 기법으로 만든 청키 베스트는
도톰함도 만점, 귀여움도 만점이에요.

HOW TO
MAKE

p.171

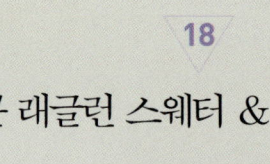

팝콘 래글런 스웨터 & 니트 스커트

팝콘 모양의 방울이 달린 귀여운 팝콘 래글런 스웨터에요.
초보라면 스웨터와 같은 색상의 실로 방울을 만들면 더 완성도 있게 만들 수 있어요.
스웨터와 세트로 디자인한 스커트는 아랫단에 주름 장식을 넣어
더 사랑스럽답니다.

b

a

p.172-176

a

b

HOW TO
MAKE

p.177-179

19 장갑 & 골지 머플러

잃어버리지 않도록 장갑 두 짝을 끈으로 연결해서 만든 장갑과
도톰한 스티치를 이용해 만든 골지 머플러에요.
눈이 펑펑 오는 날에도 마음 놓고 외출할 수 있겠죠?

20

베이비 블랭킷

부드럽고 가벼운 캐시미어를 사용해서 만든 블랭킷입니다.
겨울에 유모차 위에 폭 덮거나, 차 안에서 쓰기 좋아요.

HOW TO
MAKE

p.180

21

루스핏 숄칼라 카디건 & 베이직 골지 비니

두툼한 양모로 만든 오버핏 숄칼라 카디건입니다.
쌀쌀한 날씨에 머플러와 함께 따뜻하게 코디해보세요.

a

HOW TO
MAKE

p.181-183

b

※ 베이지색 실로 뜬 '베이직 골지 비니'는 작품 3에서 만날 수 있어요.

대바늘뜨기 기초

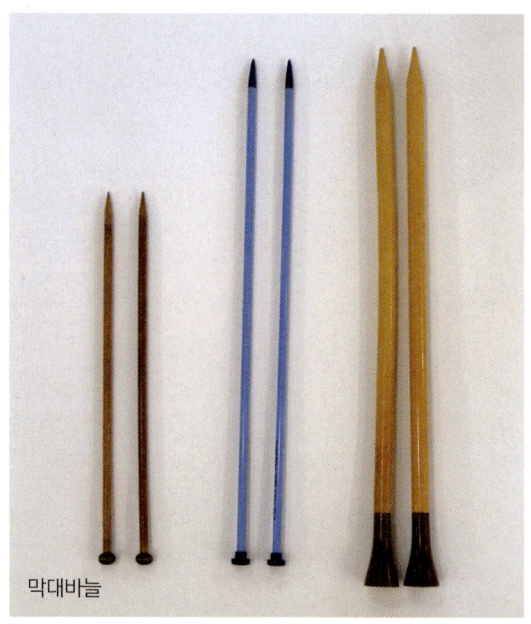

막대바늘

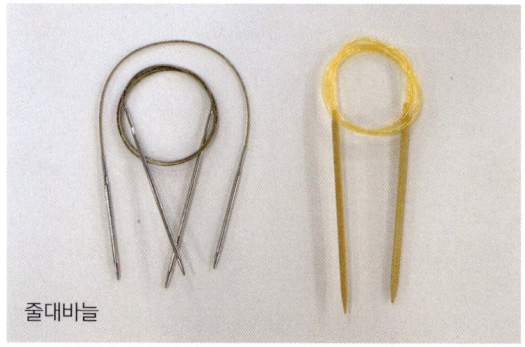

줄대바늘

대바늘

줄대바늘과 막대바늘로 나뉩니다. 넓지 않은 편물을 뜰 때는 막대바늘이 편하고, 넓은 편물을 뜰 때는 줄대바늘이 편해요.
줄대바늘의 길이는 20cm, 40cm, 80cm, 120cm 등이 있으며 짧은 줄은 주로 양말이나 목, 소매의 진동을 작업할 때 많이 사용합니다.
소재는 대나무와 플라스틱, 메탈 등 여러 가지가 있습니다. 메탈은 부드럽게 밀리고, 대나무는 사각사각 뜨는 느낌이 좋으며, 플라스틱은 무게가 가벼운 장점이 있습니다.

일본과 미국은 대바늘 사이즈를 호수로 표기하지만, 우리나라는 밀리밀터(mm)로 표기하는 경우가 많습니다.

밀리밀터(mm)	호수
2mm	0호
2.5mm	1호(2.4mm) 2호(2.7mm)
3.0mm	3호(3.0mm) 4호(3.3mm)
3.5mm	5호(3.6mm) 6호(3.9mm)
4.0mm	7호(4.2mm)
4.5mm	8호(4.5mm)
5.0mm	10호(5.1mm)
5.5mm	11호(5.4mm)
6.0mm	13호(6.0mm) 15호(6.6mm)
7.0mm	7.0mm
8.0mm	8.0mm
10.0mm	10.0mm

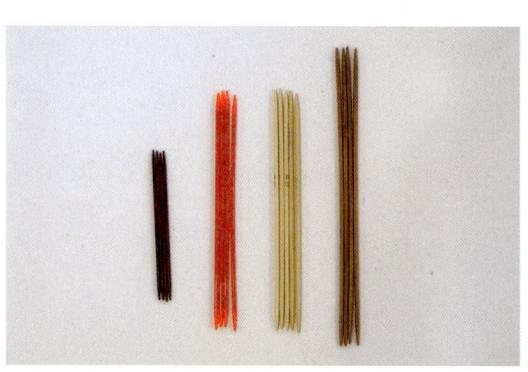

장갑바늘

장갑바늘 혹은 양쪽바늘이라 부르며 4개 혹은 5개가 한 세트입니다. 바늘의 길이는 12cm, 18cm, 24cm 등 여러 가지가 있습니다.
원형뜨기를 할 때 주로 쓰며, 길이가 짧은 편물을 뜰 때나 잠시 어깨 코를 걸어놓을 때도 씁니다. 양말처럼 둘레가 짧은 편물을 뜰 때는 보통 4개를 쓰며, 모자를 뜰 때는 5개를 사용합니다.
대바늘과 마찬가지로 소재도 다양해요.

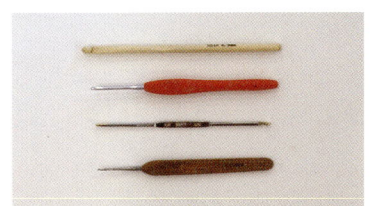

코바늘

코바늘은 크게 모사용과 레이스용으로 나뉘는데, 모사용은 호수가 클수록 바늘이 굵고, 레이스용은 호수가 클수록 바늘이 가늘어요. 손잡이가 도톰한 게 쓰기 편하며 대나무, 메탈, 플라스틱 등 다양한 소재가 있어요.

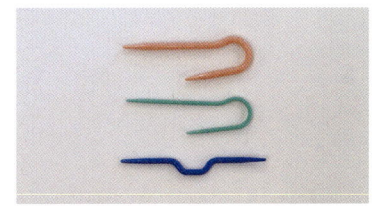

꽈배기바늘

코 중간에 무늬를 넣을 때 사용하는 바늘입니다. 3가지 종류의 두께가 있으니 작업하고 있는 바늘과 가장 비슷한 사이즈를 선택하면 됩니다.

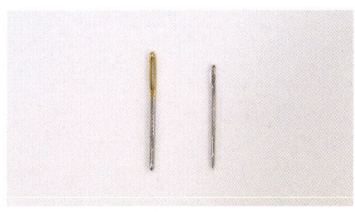

돗바늘

옆면을 이어 꿰매거나, 실 끝을 정리할 때 쓰는 바늘귀가 큰 바늘입니다. 모사용은 살짝 두껍고, 레이스용은 얇아요.

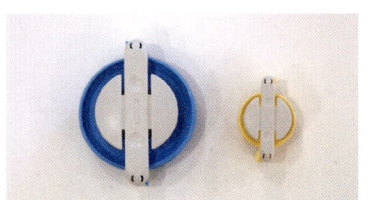

폼폼 메이커

폼폼을 쉽게 만들 수 있는 도구예요. 종이를 잘라서 만들어도 되지만 폼폼 메이커를 사용하면 동그란 모양을 쉽게 잡을 수 있습니다.

게이지

가로세로 10cm 안에 들어가는 단수와 콧수를 쉽게 잴 수 있는 도구입니다. 가운데가 뚫린 네모 모양도 있고 긴 모양도 있는데 네모 모양이 쓰기 편해요.

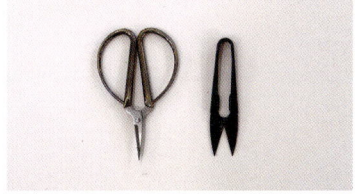

가위

실을 자를 때 써요. 일반 가위를 써도 되지만, 쪽가위처럼 끝이 날렵한 가위는 실 끝처리를 한 후 바짝 잘라내기에 좋아요.

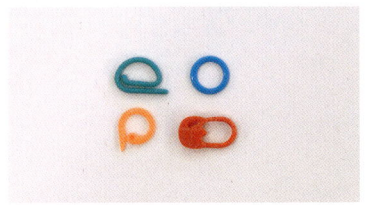

표시링

단수와 콧수를 표시하는데 쓰는 도구입니다. 원형뜨기의 시작코를 표시할 때나 줄이기, 늘리기 지점을 표시할 때 등 여러 방면에 유용하게 쓰여요. 옷핀처럼 입구를 열고 닫는 방식이 편해요.

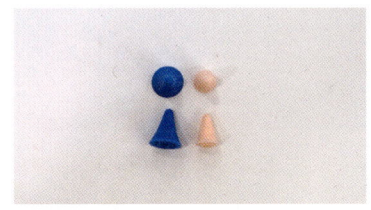

코마개

코가 바늘에서 빠지는 걸 막아줍니다.

단추

플라스틱, 나무 등 여러 소재와 색상의 단추는 작품의 완성도를 높입니다.

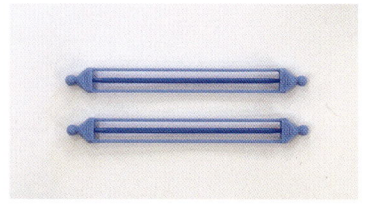

어깨 핀

어깨 앞판과 뒤판을 동시에 이을 때나, 다음 작업으로 넘어가기 전 코를 마무리하지 않고 쉬는 코로 만들 경우, 어깨 핀에 옮겨둡니다.

양쪽바늘로 대체할 수도 있지만 어깨 핀을 사용하면 코가 빠져나가는 걸 막을 수 있어요.

대나무 시침핀

소매나 다른 부분을 꿰맬 때 편물이 밀리지 않도록 고정하는 도구입니다.

실 종류

① **합사** 핸드니팅보다는 주로 기계니팅에서 많이 쓰지만, 최근에는 원하는 굵기로 합사할 수 있는 장점 때문에 핸드니팅용으로도 많이 씁니다. 주로 가공 전의 원사이기 때문에 질에 비해 가격이 저렴한 편입니다.

② **내추럴 울** 양모섬유를 가공한 것으로 보온성이 좋아요. 가공방법에 따라 터치감이 약간 거칠 수 있어 주로 두터운 외투에 적합합니다. 더운 물에 세탁 시 수축이 심하게 되어 펠트화될 수 있으니 주의하세요.

③ **앙고라** 앙고라토끼에서 채취한 섬유로 부드럽고 포슬포슬 일어나는 앙고라 기모가 예뻐요. 세탁하면 섬유가 빠지며 날리는 현상이 줄긴 하지만 없어지지는 않아요.

④ **알파카** 페루산이 유명하며, 기후변화에 대한 내구성이 강해요. 그중 어린 알파카에서 채취한 베이비 알파카는 일반 알파카보다 가볍고 부드러워 고급 실에 속합니다. 머플러나 핸드워머 등을 만들 때 좋아요.

⑤ **슈퍼워시 울** 울 종류 중 고급라인에 속하는 실로 워싱 가공처리가 되어 작품 완성 후 수축과 보풀이 적어요.

다양한 색상과 굵기의 실이 있기 때문에 선택의 폭이 넓습니다.

⑥ **트위드 울** 울에 색이나 다른 소재를 혼합하여 트위드한 실로 독특한 색감과 질감이 특징입니다. 두꺼운 트위드 울로 소품이나 재킷을 뜨면 멋스럽습니다.

⑦ **캐시미어** 섬세한 터치감, 가볍고 뛰어난 보온성으로 잘 알려진 캐시미어는 실 중에서 가장 으뜸으로 칩니다. 고가이긴 하나 아기 옷을 만드는 데는 많은 양이 필요하지 않기에 추천할 만합니다. 필링, 압축 가공을 많이 할수록 가격이 올라가며 실이 얇은 편이기 때문에 중급자 이상에게 적합합니다.

⑧ **면사** 목화씨에 붙어있는 솜에서 채취한 섬유로 세탁과 보관이 편해요. 울과 같은 탄성이 안 나오기 때문에 작은 바늘로 헐겁게 뜨는 것이 좋으며, 아기용으로는 오가닉 코튼이 좋습니다.

⑨ **아이코드 실** 면 소재의 실로 속이 비어있는 아이코드 방식으로 짠 실입니다. 조직이 탄탄하고 관리가 수월해 소품용 러그나 바스켓, 끈 등을 만드는데 추천합니다.

※ 실 라벨 읽는 법

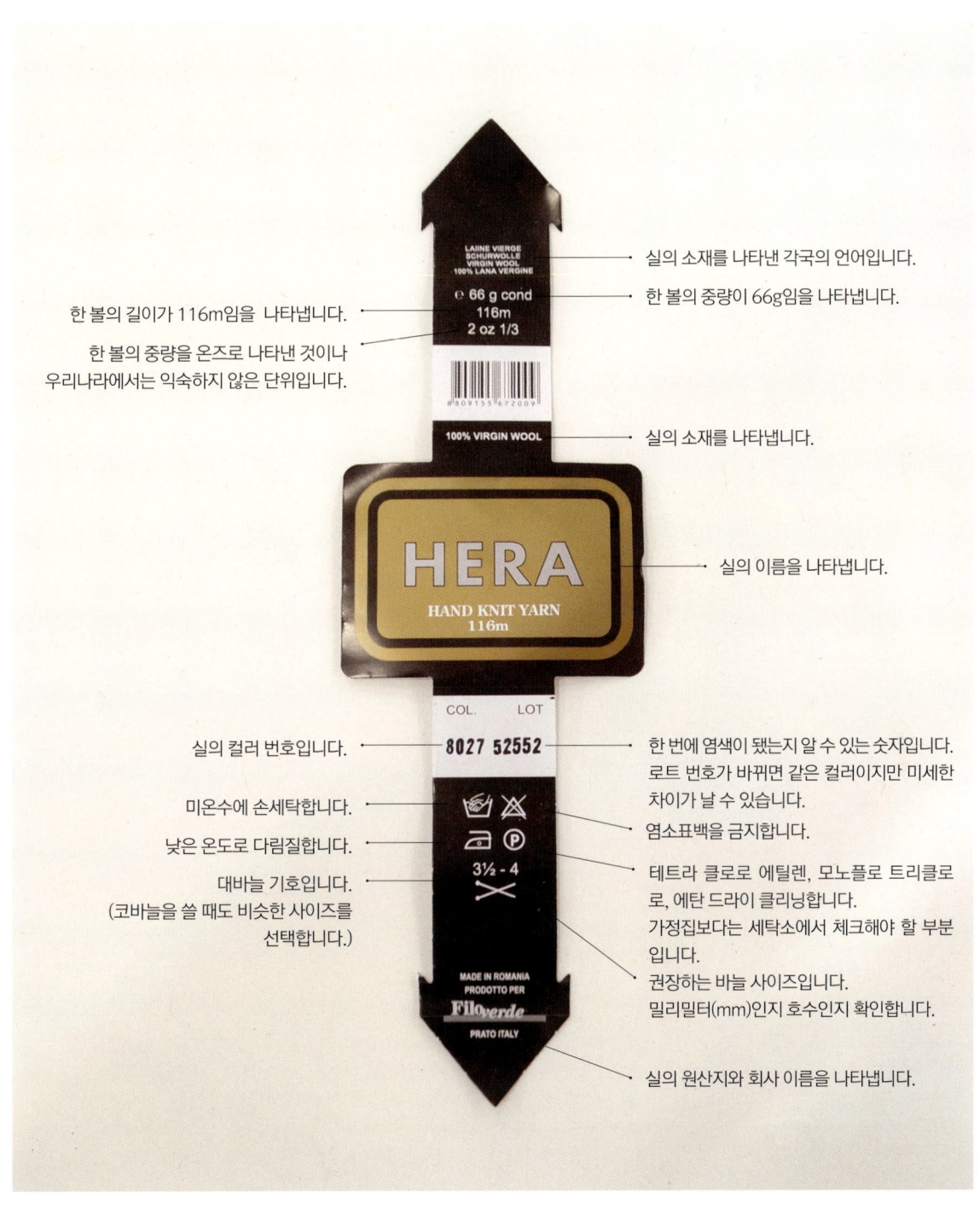

한 볼의 길이가 116m임을 나타냅니다.

한 볼의 중량을 온즈로 나타낸 것이나 우리나라에서는 익숙하지 않은 단위입니다.

실의 소재를 나타낸 각국의 언어입니다.

한 볼의 중량이 66g임을 나타냅니다.

실의 소재를 나타냅니다.

실의 이름을 나타냅니다.

실의 컬러 번호입니다.

미온수에 손세탁합니다.

낮은 온도로 다림질합니다.

대바늘 기호입니다.
(코바늘을 쓸 때도 비슷한 사이즈를 선택합니다.)

한 번에 염색이 됐는지 알 수 있는 숫자입니다. 로트 번호가 바뀌면 같은 컬러이지만 미세한 차이가 날 수 있습니다.

염소표백을 금지합니다.

테트라 클로로 에틸렌, 모노플로 트리클로로, 에탄 드라이 클리닝합니다.
가정집보다는 세탁소에서 체크해야 할 부분입니다.

권장하는 바늘 사이즈입니다.
밀리밀터(mm)인지 호수인지 확인합니다.

실의 원산지와 회사 이름을 나타냅니다.

2. 대바늘뜨기 기호 및 도안

기호

| = 겉뜨기

− = 안뜨기

V = 오른코 늘리기

N = 왼코 늘리기

Ω = 겉뜨기로 꼬아서 늘리기

人 = 오른코 줄이기

人 = 겉뜨기로 2코 모아뜨기

• = 코막음

○ = 바늘비우기(실 앞으로 가져오기)

Ω = 감아코 만들기

기본 기법과 도안

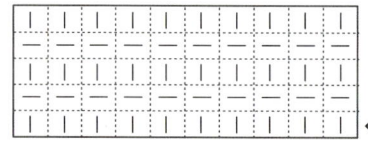

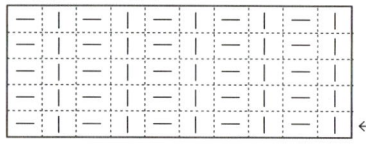

▼ 메리야스뜨기

편물의 가장 기본이 되는 스티치라고 할 수 있습니다. 겉뜨기 1단, 안뜨기 1단을 반복합니다.
장갑바늘을 사용하여 원형뜨기를 할 경우 계속 겉뜨기만 뜹니다.

TIP 좌우상하가 뒤로 말리는 특징이 있으니 잘못 뜬 거라고 걱정하지 않아도 됩니다. 옆선을 꿰매거나 단 처리를 해주면 해결되는 부분입니다.

▼ 가터뜨기

겉뜨기 단을 계속 반복하는 기법으로, 가로 줄무늬가 양쪽으로 나타나는 스티치입니다. 도톰하고 말리지 않는 특성이 있습니다.
장갑바늘을 사용하여 원형뜨기할 경우 겉뜨기 1단, 안뜨기 1단을 뜹니다.

▼ 1코 고무뜨기

주로 니트의 소매 밴드나 목 밴드에 이용되는 신축성이 뛰어난 스티치입니다. 실을 앞뒤로 옮겨가며 겉뜨기 1코, 안뜨기 1코를 뜹니다.

도안 설명 기본

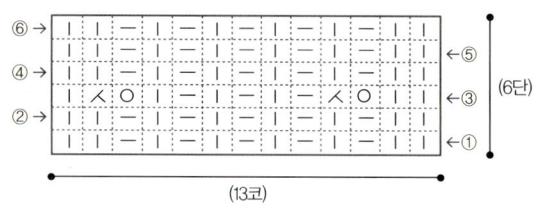

▼ 읽는 법

① 도안은 정면을 기준으로 합니다.

② 아래에서 위쪽으로 올라가면서 읽습니다.

③ 첫 번째 단을 할 때는 오른쪽에서 왼쪽 방향으로 읽습니다.

④ 두 번째 단을 할 때는 왼쪽에서 오른쪽 방향으로 읽습니다.
이때 두 번째 단은 안쪽 면이 되므로 도안 기호를 앞단과 반대로 읽습니다.(겉뜨기는 안뜨기로, 안뜨기는 겉뜨기로)

▼ 기호 해석

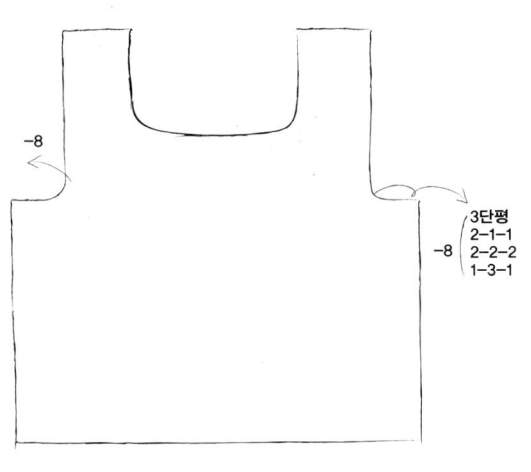

	3단평	→ (해석) 증감 없이 세 단을 뜬다. (끝)
-8	2 - 1 - 1	→ (해석) 두 단에 1코를 한 번 줄인다.
	2 - 2 - 2	→ (해석) 두 단에 2코를 두 번 줄인다.
	1 - 3 - 1	→ (해석) 한 단에 3코를 한 번 줄인다. (시작)

단수-콧수-횟수

위와 같은 기호는 보통 진동이나 목둘레에 많이 쓰이는데, 가장 많이 헷갈리는 부분입니다. 책마다 해석이 약간 다르게 나와 있는 경우도 있는데, 코를 늘릴 때도 쓰고 줄일 때도 동일하게 씁니다. 다만 늘릴 때는 앞에 + 표시를, 줄일 때는 - 표시를 붙입니다.

보통은 도안 오른쪽을 기준으로 나와 있으니 반대쪽 진동을 대칭으로 작업해주세요. 다만 3코 이상 줄일 때는 같은 단에서 진행할 수 없으니, 1단 작업 후 안뜨기 단에서 작업합니다. 이럴 경우 1단 차이가 납니다. 맨 아래쪽에서부터 위로 올라가면서 읽으며 작업합니다. 특별한 경우가 아니면 겉면에서 작업하는게 일반적입니다. 좀더 쉽게 앞판에서 진동을 줄이는 상세 설명 도안을 예로 들어 설명해보겠습니다.

▼ 설명 도안(앞판에서 진동 줄이기)

1단 (겉뜨기 면) 첫코를 뜨며 겉뜨기로 3코 코막음하고, 끝까지 겉뜨기합니다.

2단 (안뜨기 면) 첫코를 뜨며 안뜨기로 3코 코막음하고, 끝까지 안뜨기합니다. (이걸 새로운 1단이라고 생각하면 쉬워요.)

3단 (겉뜨기 면) 2코를 코막음하며 끝까지 겉뜨기합니다. (이전 안뜨기 할 때가 새로운 1단이면 그 다음 단은 2단째가 됩니다.)
코막음으로 줄일 때 첫 번째 코는 뜨지 않고 그대로 오른쪽 바늘로 옮겨줍니다. 이를 걸러뜨기라고 합니다. 이렇게 하면 좀더 부드러운 곡선으로 줄일 수 있어요.

4단 (안뜨기 면) 첫코를 걸러뜨며 2코를 코막음하고 끝까지 안뜨기합니다. (다시 새로운 1단입니다.)

5단 (겉뜨기 면) 첫코를 걸러뜨면서 2코를 코막음하고, 끝까지 겉뜨기합니다. 이건 두 번째 작업입니다.

6단 (안뜨기 면) 첫코를 걸러뜨며 2코를 코막음하고, 끝까지 안뜨기합니다. (다시 새로운 1단입니다.)

7단 (겉뜨기 면) 첫코를 걸러뜨면서 1코를 코막음하고, 끝까지 겉뜨기합니다.

8단 (겉뜨기 면) 첫코를 걸러뜨며 1코를 코막음하고, 끝까지 안뜨기합니다. (3단평 중 첫 번째 단입니다)

9단 (겉뜨기 면) 겉뜨기를 합니다. (3단평 중 두 번째 단입니다.)

10단 (안뜨기 면) 안뜨기를 합니다. (3단평 중 세 번째 단입니다.)
겉뜨기 방향에서 코막음하면서 마무리합니다.

▼ 헷갈리기 쉬운 몇 가지 경우

1. 시작코 잡는 부분을 한 단으로 세거나 세지 않는 경우가 있습니다. 이에 따라 도안의 표기 단수가 달라질 수 있습니다.
2. 시작을 겉뜨기부터 하는 방식이 있고, 안뜨기부터 하는 방식이 있습니다.
3. 첫 번째 기호에서만 해석을 달리하는 방식이 있습니다.
   '몇 번째 단에서 줄여라 혹은 몇 번째 단을 뜨고 줄여라' 등 해석이 다릅니다.

▼ 이 책에서 쓰는 방법

1. 시작코를 단수로 세지 않습니다.
2. 특별히 제시된 경우가 아니면 겉뜨기를 처음 시작단인 1단으로 셉니다.
3. 기호 읽는 법에서 설명했듯이 '( )에 ( )코를 ( )번 줄인다(혹은 늘린다)'로 해석합니다. 전체 단수를 나타내는 단과 지점을 나타내는 단을 혼동하지 않길 바랍니다.

설명 도안 예시

래글런 스웨터(133쪽) 도안(12개월 사이즈)을 한 단씩 작업하는 과정을 서술했습니다.
다른 작품의 도안도 이 설명 도안처럼 해석하여 작업하세요.

* 스웨터를 뜰 때는 기본이 되는 뒤판부터 시작한다.

▼ 뒤판

* 파란색 실을 사용해 4.5mm 줄대바늘로 52코 잡는다.

1단(겉면)	겉뜨기 2코부터 시작해 안뜨기 1코, 겉뜨기 1코로 1코 고무뜨기한다. 끝은 겉뜨기 1코로 끝난다.
2단(안쪽)	안뜨기 1코부터 시작해 겉뜨기 1코, 안뜨기 1코로 1코 고무뜨기한다. 끝은 안뜨기 2코로 끝난다.
3-8단	1단과 2단을 반복하여 1코 고무뜨기 8단을 뜬다.

* 베이지색 실로 바꾼다.

1단(겉면)	첫코부터 끝까지 모두 겉뜨기.
2단(안면)	첫코부터 끝까지 모두 안뜨기.
3-38단	1~2단을 반복하여 메리야스 뜨기 38단을 완성한다.

▼ 진동 부분

1단(겉면)	첫코부터 겉뜨기를 하며 덮어씌우기로 코막음 4코를 하고, 끝까지 겉뜨기. (48코)
2단(안쪽)	첫코부터 안뜨기를 하며 덮어씌우기로 코막음 4코를 하고, 끝까지 안뜨기. (44코) (3코 이상의 코막음은 같은 단에서 동시에 진행할 수 없으므로 왼쪽과 오른쪽 줄이는 단은 1단 차이가 난다.)
3단(겉면)	첫코부터 끝까지 모두 겉뜨기.
4단(안쪽)	첫코부터 끝까지 모두 안뜨기.
5단(겉면)	겉뜨기 1코, 오른코 줄이기, 끝까지 겉뜨기 (43코)
6단(안쪽)	안뜨기 1코, 안뜨기로 2코 모아뜨기, 끝까지 안뜨기 (42코)
7단(겉면)	첫코부터 끝까지 모두 겉뜨기. (42코)
8단(안쪽)	첫코부터 끝까지 모두 안뜨기. (42코)

9단(겉면)	겉뜨기 1코, 오른코 줄이기, 끝까지 겉뜨기. (41코)
10단(안쪽)	안뜨기 1코, 안뜨기로 2코 모아뜨기, 끝까지 안뜨기. (40코)
11단(겉면)	겉뜨기 1코, 오른코 줄이기, 끝까지 겉뜨기. (39코)
12단(안쪽)	안뜨기 1코, 안뜨기로 2코 모아뜨기, 끝까지 안뜨기. (38코)
13단(겉면)	겉뜨기 1코, 오른코 줄이기, 끝까지 겉뜨기. (37코)
14단(안쪽)	안뜨기 1코, 안뜨기로 2코 모아뜨기, 끝까지 안뜨기. (36코)
15단(겉면)	겉뜨기 1코, 겉뜨기로 2코 모아뜨기, 끝까지 겉뜨기. (35코)
16단(안쪽)	안뜨기 1코, 안뜨기로 2코 모아뜨기, 끝까지 안뜨기. (34코)
17단(겉면)	겉뜨기 1코, 겉뜨기로 2코 모아뜨기, 끝까지 겉뜨기. (33코)
18단(안쪽)	안뜨기 1코, 안뜨기로 2코 모아뜨기, 끝까지 안뜨기. (32코)
19단(오른쪽 겉면)	(단추 트임 시작) 겉뜨기 1코, 오른코 줄이기, 겉뜨기 13코. (15코)

* 앞으로 뒤판 오른쪽 부분만 진행하고 반대쪽 16코는 오른쪽 부분 완성 후 진행한다. 그 전에는 어깨핀으로 옮겨 쉼코로 만든다.

20단(오른쪽 안쪽)	첫코부터 끝까지 모두 안뜨기. (15코)
21단(오른쪽 겉면)	겉뜨기 1코, 오른코 줄이기, 겉뜨기 12코. (14코)
22단(오른쪽 안쪽)	첫코부터 끝까지 모두 안뜨기. (14코)
23단(오른쪽 겉면)	겉뜨기 1코, 오른코 줄이기, 겉뜨기 11코.

24단(오른쪽 안쪽)　첫코부터 끝까지 모두 안뜨기. (13코)

25단(오른쪽 겉면)　겉뜨기 1코, 오른코 줄이기, 겉뜨기 10코.
　　　　　　　　　　(12코)

26단(오른쪽 안쪽)　첫코부터 끝까지 모두 안뜨기. (12코)

27단(오른쪽 겉면)　겉뜨기 1코, 오른코 줄이기, 겉뜨기 9코.
　　　　　　　　　　(11코)

28단(오른쪽 안쪽)　첫코부터 끝까지 모두 안뜨기. (11코)
　　　　　　　　　　겉뜨기 면에서 첫코부터 겉뜨기를 하면서
　　　　　　　　　　덮어씌우기로 코막음한다. 실을 자른다.
　　　　　　　　　　* 겉면 중간에서 새로 실을 이어 왼쪽 부분
　　　　　　　　　　　을 시작한다.

19단(왼쪽 겉면)　첫코부터 끝까지 모두 겉뜨기. (16코)

20단(왼쪽 안쪽)　안뜨기 1코, 안뜨기로 2코 모아뜨기, 안뜨
　　　　　　　　　기 13코. (15코)

21단(왼쪽 겉면)　첫코부터 끝까지 모두 겉뜨기. (15코)

22단(왼쪽 안쪽)　안뜨기 1코, 안뜨기로 2코 모아뜨기, 안뜨
　　　　　　　　　기 12코. (14코)

23단(왼쪽 겉면)　첫코부터 끝까지 모두 겉뜨기 (14코)

24단(왼쪽 안쪽)　안뜨기 1코, 안뜨기로 2코 모아뜨기, 안뜨
　　　　　　　　　기 11코. (13코)

25단(왼쪽 겉면)　첫코부터 끝까지 모두 겉뜨기 (13코)

26단(왼쪽 안쪽)　안뜨기 1코, 안뜨기로 2코 모아뜨기, 안뜨
　　　　　　　　　기 10코. (12코)

27단(왼쪽 겉면)　첫코부터 끝까지 모두 겉뜨기. (12코)

28단(왼쪽 안쪽)　안뜨기 1코, 안뜨기로 2코 모아뜨기, 안뜨
　　　　　　　　　기 9코. (11코)
　　　　　　　　　겉뜨기 면에서 첫코부터 겉뜨기를 하면서
　　　　　　　　　덮어씌우기로 코막음한다. 실을 자른다.

▼ 앞판

파란색 실을 잡아 4.5mm 줄대바늘로 52코 잡는다.

1단(겉면)　겉뜨기 2코부터 시작해 안뜨기 1코, 겉뜨기 1코로
　　　　　　1코 고무뜨기 한다. 끝은 겉뜨기 1코로 끝난다.

2단(안쪽)　안뜨기 1코부터 시작해 겉뜨기 1코, 안뜨기 1코로
　　　　　　1코 고무뜨기 한다. 끝은 안뜨기 2코로 끝난다.

3-8단　1단과 2단을 반복하여 고무뜨기 8단을 뜬다.
　　　　* 베이지색 실로 바꾼다.

1단(겉면)　첫코부터 끝까지 모두 겉뜨기.

2단(안쪽)　첫코부터 끝까지 모두 안뜨기.

3-38단　1~2단을 반복하여 메리야스뜨기 38단을 완성한다.

▼ 진동 부분

1단(겉면)　첫코부터 겉뜨기를 하며 덮어씌우기로 코막음 4코를
　　　　　　하고, 끝까지 겉뜨기. (48코)

2단(안쪽)　첫코부터 안뜨기를 하며 덮어씌우기로 코막음 4코를
　　　　　　하고, 끝까지 안뜨기. (44코)

3단(겉면)　첫코부터 끝까지 모두 겉뜨기. (44코)

4단(안쪽)　첫코부터 끝까지 모두 안뜨기. (44코)

5단(겉면)　겉뜨기 1코, 오른코 줄이기, 끝까지 모두 겉뜨기. (43코)

6단(안쪽)　안뜨기 1코, 안뜨기로 2코 모아뜨기, 끝까지 모두 안
　　　　　　뜨기. (42코)

7단(겉면)　첫코부터 끝까지 모두 겉뜨기. (42코)

8단(안쪽)　첫코부터 안코까지 모두 안뜨기. (42코)

9단(겉면)　겉뜨기 1코, 오른코 줄이기, 끝까지 모두 겉뜨기. (41코)

10단(안쪽)　안뜨기 1코, 안뜨기로 2코 모아뜨기, 끝까지 모두 안
　　　　　　　뜨기. (40코)

11단(겉면)　겉뜨기 1코, 오른코 줄이기, 끝까지 모두 겉뜨기. (39코)

12단(안쪽)　안뜨기 1코, 안뜨기로 2코 모아뜨기, 끝까지 모두 안
　　　　　　　뜨기. (38코)

13단(겉면)　겉뜨기 1코, 오른코 줄이기, 끝까지 모두 겉뜨기. (37코)

14단(안쪽)　안뜨기 1코, 안뜨기로 2코 모아뜨기, 끝까지 모두 안
　　　　　　　뜨기. (36코)

15단(겉면)　겉뜨기 1코, 오른코 줄이기, 끝까지 모두 겉뜨기. (35코)

16단(안쪽)　안뜨기 1코, 안뜨기로 2코 모아뜨기, 끝까지 모두 안
　　　　　　　뜨기. (34코)

17단(겉면)　겉뜨기 1코, 오른코 줄이기, 끝까지 모두 겉뜨기. (33코)

18단(안쪽)　안뜨기 1코, 안뜨기로 2코 모아뜨기, 끝까지 모두 안
　　　　　　　뜨기. (32코)

19단(왼쪽 겉면)　(목둘레 시작) 겉뜨기 1코, 오른코 줄이기,
　　　　　　　　　　겉뜨기 5코. (7코)
　　　　　　　　　　왼쪽에 남아 있는 나머지 코는 어깨핀으로
　　　　　　　　　　옮겨 쉼코로 잠시 놔둔다.

20단(왼쪽 안쪽)　첫코를 걸러뜨고 4코 코막음, 끝까지 모두
　　　　　　　　　안뜨기. (3코)

21단(왼쪽 겉면)　오른코 줄이기, 겉뜨기 1코. (2코)

22단(왼쪽 안쪽)　안뜨기 2코. (2코)
　　　　　　　　　* 겉면에서 겉뜨기로 코막음하고 실을 자른다.

* 겉면에서 코가 걸린 부분부터 새로 실을 이어 오른쪽 부분을 시작한다.

19단(오른쪽 겉면)	첫코부터 뜨면서 16코를 코막음 다. 나머지 8코는 모두 겉뜨기.
20단(오른쪽 안쪽)	안뜨기 1코, 안뜨기로 2코 모아뜨기, 끝까지 모두 안뜨기. (7코)
21단(오른쪽 겉면)	첫코를 걸러뜨고 4코 코막음, 나머지 겉뜨기. (3코)
22단(오른쪽 안쪽)	안뜨기로 2코 모아뜨기, 안뜨기 1코. (2코) 겉면에서 겉뜨기로 코막음한 후 실을 자른다.

▼ 소매단 부분

파란색 실을 잡고 4.5mm 줄대바늘로 32코 잡는다.

1단(겉면)	겉뜨기 2코부터 시작해 안뜨기 1코, 겉뜨기 1코로 1코 고무뜨기한다. 끝은 겉뜨기 1코로 끝난다.
2단(안쪽)	안뜨기 1코부터 시작해 겉뜨기 1코, 안뜨기 1코로 1코 고무뜨기한다. 끝은 안뜨기 2코로 끝난다.
3-8단	1단과 2단을 반복하여 고무뜨기 8단을 뜬다.

▼ 소매 부분

1단(겉면)	첫코부터 끝까지 모두 겉뜨기.
2단(안쪽)	첫코부터 끝까지 모두 안뜨기.
3-4단	1단과 2단을 반복.
5단(겉면)	겉뜨기 1코, 오른코 늘리기, 1코 남을 때까지 겉뜨기, 왼코 늘리기, 겉뜨기 1코. (34코)
6단(안쪽)	첫코부터 끝까지 모두 안뜨기.
7단(겉면)	첫코부터 끝까지 모두 겉뜨기.
8-9단	6~7단을 반복.
10단(안쪽)	첫코부터 끝까지 모두 안뜨기.
11단(겉면)	겉뜨기 1코, 오른코 늘리기, 1코 남을 때까지 겉뜨기, 왼코 늘리기, 겉뜨기 1코. (36코)
12단(안쪽)	첫코부터 끝까지 모두 안뜨기.
13단(겉면)	첫코부터 끝까지 모두 겉뜨기.
14-15단	12단과 13단을 반복.
16단(안쪽)	첫코부터 끝까지 모두 안뜨기.
17단(겉면)	겉뜨기 1코, 오른코 늘리기, 1코 남을 때까지 겉뜨기, 왼코 늘리기, 겉뜨기 1코. (38코)

18단(안쪽)	첫코부터 끝까지 모두 안뜨기.
19단(겉면)	첫코부터 끝까지 모두 겉뜨기.
20-21단	18단과 19단을 반복.
22단(안쪽)	첫코부터 끝까지 모두 안뜨기.
23단(겉면)	겉뜨기 1코, 오른코 늘리기, 1코 남을 때까지 겉뜨기, 왼코 늘리기, 겉뜨기 1코 . (40코)
24단(안쪽)	첫코부터 끝까지 모두 안뜨기.
25단(겉면)	첫코부터 끝까지 모두 겉뜨기.
26-27단	24단과 25단을 반복.
28단(안쪽)	첫코부터 끝까지 모두 안뜨기.
29단(겉면)	겉뜨기 1코, 오른코 늘리기, 1코 남을 때까지 겉뜨기, 왼코 늘리기, 겉뜨기 1코. (42코)
30단(안쪽)	첫코부터 끝까지 모두 안뜨기.
31단(겉면)	첫코부터 끝까지 모두 겉뜨기.
32-33단	30~31단을 반복.
34단(안쪽)	첫코부터 끝까지 모두 안뜨기.
35단(겉면)	겉뜨기 1코, 오른코 늘리기, 1코 남을 때까지 겉뜨기, 왼코 늘리기, 겉뜨기 1코. (44코)
36단(안쪽)	첫코부터 끝까지 모두 안뜨기.
37단(겉면)	첫코부터 끝까지 모두 겉뜨기.
38단(안쪽)	첫코부터 끝까지 모두 안뜨기.

▼ 진동 부분

1단(겉면)	첫코부터 겉뜨기를 하며 덮어씌우기로 코막음 4코를 하고, 끝까지 겉뜨기. (40코)
2단(안쪽)	첫코부터 안뜨기를 하며 덮어씌우기로 코막음 4코를 하고, 끝까지 안뜨기. (36코)
3단(겉면)	첫코부터 끝까지 모두 겉뜨기.
4단(안쪽)	첫코부터 끝까지 모두 안뜨기.
5단(겉면)	겉뜨기 1코, 오른코 줄이기, 끝까지 겉뜨기. (35코)
6단(안쪽)	안뜨기 1코, 안뜨기로 2코 모아뜨기, 끝까지 안뜨기. (34코)
7단(겉면)	첫코부터 끝까지 모두 겉뜨기.
8단(안쪽)	첫코부터 끝까지 모두 안뜨기.
9단(겉면)	겉뜨기 1코, 오른코 줄이기, 끝까지 겉뜨기. (33코)
10단(안쪽)	안뜨기 1코, 안뜨기로 2코 모아뜨기, 끝까지 안뜨기. (32코)
11단(겉면)	겉뜨기 1코, 오른코 줄이기, 끝까지 겉뜨기. (31코)

12단(안쪽)	안뜨기 1코, 안뜨기로 2코 모아뜨기, 끝까지 안뜨기. (30코)	21단(겉면)	겉뜨기 1코, 오른코 줄이기, 끝까지 겉뜨기. (21코)

12단(안쪽) 안뜨기 1코, 안뜨기로 2코 모아뜨기, 끝까지 안뜨기. (30코)

13단(겉면) 겉뜨기 1코, 오른코 줄이기, 끝까지 겉뜨기. (29코)

14단(안쪽) 안뜨기 1코, 안뜨기로 2코 모아뜨기, 끝까지 안뜨기. (28코)

15(겉면) 겉뜨기 1코, 오른코 줄이기, 끝까지 겉뜨기. (27코)

16단(안쪽) 안뜨기 1코, 안뜨기로 2코 모아뜨기, 끝까지 안뜨기. (26코)

17단(겉면) 겉뜨기 1코, 오른코 줄이기, 끝까지 겉뜨기. (25코)

18단(안쪽) 안뜨기 1코, 안뜨기로 2코 모아뜨기, 끝까지 안뜨기. (24코)

19단(겉면) 겉뜨기 1코, 오른코 줄이기, 끝까지 겉뜨기. (23코)

20단(안쪽) 안뜨기 1코, 안뜨기로 2코 모아뜨기, 끝까지 안뜨기. (22코)

21단(겉면) 겉뜨기 1코, 오른코 줄이기, 끝까지 겉뜨기. (21코)

22단(안쪽) 안뜨기 1코, 안뜨기로 2코 모아뜨기, 끝까지 안뜨기. (20코)

23단(겉면) 첫코부터 뜨면서 9코 코막음, 끝까지 겉뜨기. (11코)

24단(안쪽) 안뜨기 1코, 안뜨기로 2코 모아뜨기, 끝까지 안뜨기. (10코)

25단(겉면) 첫코를 걸러뜨며 3코 코막음, 끝까지 겉뜨기. (7코)

26단(안쪽) 안뜨기 1코, 안뜨기로 2코 모아뜨기, 끝까지 안뜨기. (6코)

27단(겉면) 첫코를 걸러뜨며 3코 코막음, 끝까지 겉뜨기. (3코)

28단(안쪽) 안뜨기로 2코 모아뜨기, 안뜨기 1코. (2코)
겉뜨기 면에서 겉뜨기하며 코막음한다.

시작코 잡기

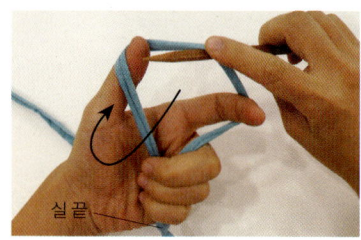

1 실 끝이 엄지 쪽으로 가도록 실을 감아서 사진처럼 잡아줍니다.
바늘을 실 아래쪽에 놓고, 검지로 실 윗부분을 살짝 눌러서 미끄러지지 않도록 합니다.
왼손 엄지에 걸린 실 아래에서 위로 바늘을 넣어주세요.

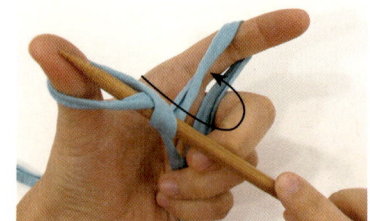

2 바늘을 넣은 상태입니다.
검지에 있는 실을 걸어 앞쪽으로 가져오세요.

3 실을 앞쪽으로 가져온 상태입니다.
그대로 엄지에 있는 구멍 아래로 통과시켜주세요.

4 실을 구멍 아래로 통과시킨 상태.

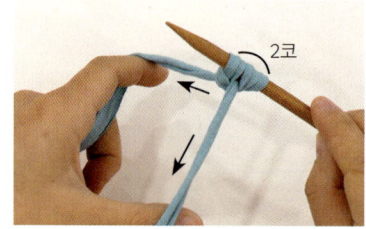

5 왼손 엄지에 걸린 실을 빼고 아래쪽 두 줄을 사진처럼 엄지와 검지를 펴면서 동시에 당겨주세요.
처음 코를 만들 때는 2코가 생겨요.

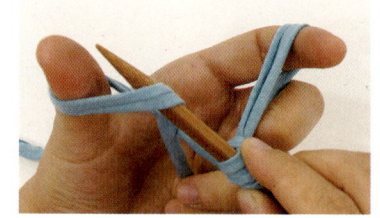

6 왼손을 다시 손바닥이 보이도록 뒤집은 후, 엄지에 걸린 실 아래에서 위로 바늘을 넣어주세요.

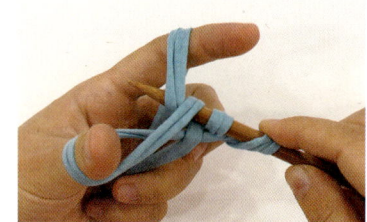

7 검지에 걸린 실을 사진처럼 당겨서 가져오세요.

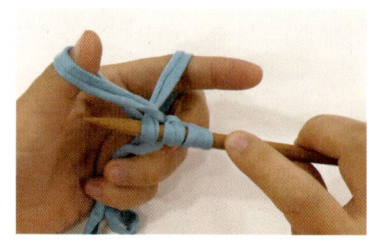

8 엄지에 걸린 실 구멍 아래쪽으로 통과시킵니다.

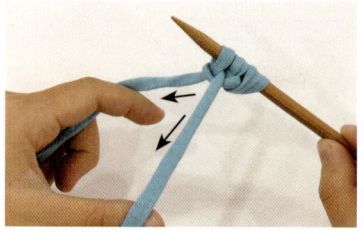

9 왼손을 바닥 쪽으로 뒤집으며 양쪽 실을 동시에 당겨줍니다.
원하는 콧수가 될 때까지 반복하세요.

바깥쪽

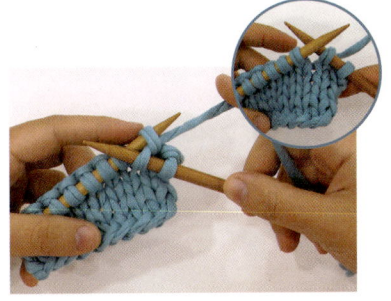

1 오른쪽 바늘을 왼쪽 바늘에 있는 다음 코의 앞으로 가져와서 바깥쪽으로 넣어주세요.

2 실을 오른쪽 바늘의 밑에서 위로(반시계방향) 감아요.

3 오른쪽 바늘과 거기에 걸린 고리를 왼쪽 바늘에 걸린 코로 그대로 가져와요. 왼쪽 바늘에 걸려 있던 코는 빼줍니다. 새로운 1코가 완성되었어요.

안쪽

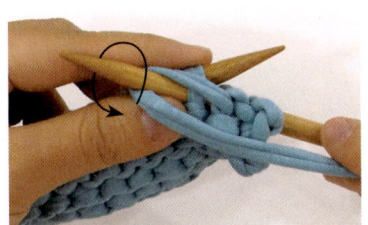

1 오른쪽 바늘을 왼쪽 바늘에 있는 다음 코의 앞으로 가져와서 안쪽으로 넣어주세요.

2 뜨는 실을 오른쪽 바늘 끝의 앞에서 뒤로(반시계방향)으로 감아요.

3 오른쪽 바늘과 거기에 걸린 고리를 왼쪽 바늘에 걸린 코로 그대로 가져와요. 왼쪽 바늘에 걸려 있던 코는 빼줍니다. 새로운 1코가 완성되었어요.

1 겉뜨기 한 단, 안뜨기 한 단을 반복하면 메리야스뜨기가 됩니다. 앞면은 V자 모양, 뒷면은 가로 물결무늬가 나와요. (원래 사방으로 말리는 특성이 있으니 잘못 뜬 거라고 걱정하지 마세요.)

2 계속해서 겉뜨기를 하면 앞뒤가 물결 모양인 가터뜨기가 됩니다.

코막음 ▶▶ 겉뜨기 면

1 겉뜨기 2코를 합니다.

2 왼쪽 바늘을 오른쪽 바늘의 처음 떴던 코의 안쪽으로 넣습니다.

3 첫 번째 코를 들어 올려 두 번째 코 위에 덮어씌웁니다.

4 다시 겉뜨기 1코 해서 오른쪽 바늘에 2코가 있게 합니다.

5 동일하게 전에 떴던 코 안쪽으로 왼쪽 바늘을 넣어주세요.

6 덮어씌우기를 진행합니다.

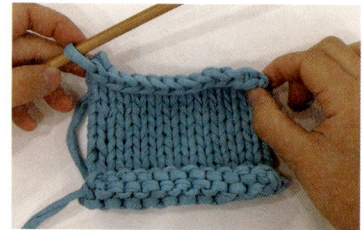

7 마지막 1코가 바늘에 남을 때까지 반복하세요.

8 실을 자르고, 고리를 당겨 매듭을 지으며 마무리합니다.

9 겉뜨기 면에서 코막음이 완성되었습니다.

1 안뜨기 2코를 해주세요.

2 왼쪽 바늘을 오른쪽 바늘 첫 번째 코 안쪽으로 찔러 넣습니다.

3 앞쪽 코에 덮어씌우기해주세요.

4 왼쪽 바늘에서 코를 빼세요.

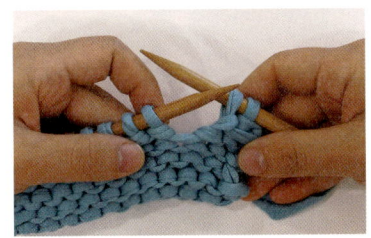

5 다시 왼쪽의 한 코를 안뜨기합니다.

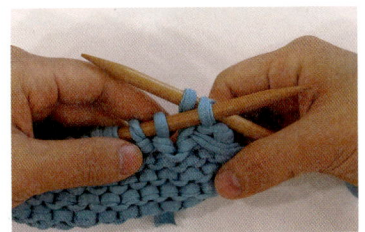

6 왼쪽 바늘을 맨 오른쪽에 있는 코 앞 쪽으로 찔러 넣으세요.

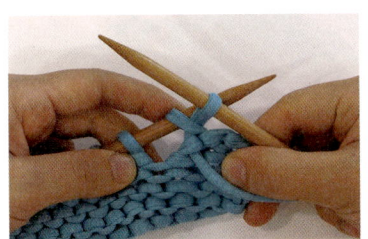

7 앞쪽 코에 덮어씌우기합니다.

8 왼쪽 바늘을 코에서 빼세요.

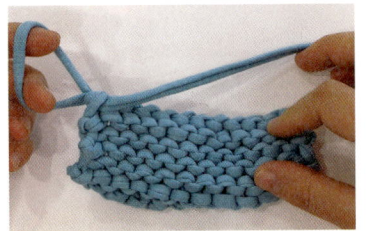

9 마지막 1코가 남을 때까지 위의 과정 을 반복하고 실을 잘라냅니다. 고리를 잡아당겨 마무리합니다.

1 가로 폭의 4배 정도 길이로 넉넉히 실을 잘라 돗바늘에 꿰닙니다.

2 겉뜨기하듯이 돗바늘을 넣고, 빼내서 실을 알맞게 당깁니다.

3 두 번째 코에 안뜨기하듯이 돗바늘을 넣고 통과시켜 당깁니다.

4 첫 번째 코에 안뜨기하듯이 돗바늘을 넣고, 코를 바늘에서 빼서 실을 당깁니다.

5 대바늘에 걸려 있는 겉뜨기 코와 안뜨기 코 사이 공간으로 바늘을 통과시켜서 빼냅니다.

6 두 번째 코인 안뜨기 코에 겉뜨기하듯이 돗바늘을 넣고 실을 당깁니다.
어려워 보이지만 차분히 2~6번을 끝까지 반복하면 완성입니다.

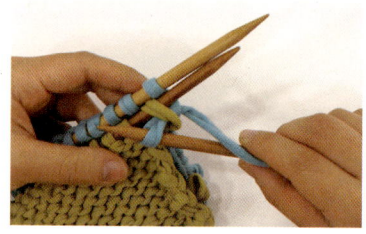

1 겉면이 서로 안쪽으로 가도록 포갠 후 각 편물에서 1코씩 잡아 오른쪽 바늘을 넣어줍니다.

2 실을 오른쪽 바늘에 반시계방향으로 감아주세요.

3 뒤쪽에 있는 코부터 하나씩 통과시켜 고리를 만들며 당겨주세요.

4 같은 방법으로 1코 더 뜹니다.
오른쪽에 바늘에 2코가 생겼습니다.

5 왼쪽 앞에 있는 바늘을 오른쪽 바늘에 걸린 코 중 첫 번째로 뜬 코 앞으로 넣어주세요.

6 덮어씌우기를 하며 오른쪽 바늘에서 빼냅니다.

7 과정 4~6을 반복하며 마지막에 1코가 남을 때까지 진행하세요.
실을 자르고 고리를 당겨 마무리합니다.

8 완성입니다. 뒷면은 이렇게 생겼어요.

9 앞면을 보면 이렇게 이어져 있습니다.
어깨 부분 같은 곳을 연결할 때 쓰는 방법 중 하나입니다.

2코 코막음 ▶▶ 가터뜨기

1 가터뜨기의 겉면끼리 마주보도록 포갠 후, 오른쪽 바늘을 두 편물의 첫 번째 코에 동시에 찔러 넣어요.

2 실을 오른쪽 바늘에 반시계방향으로 감아요.

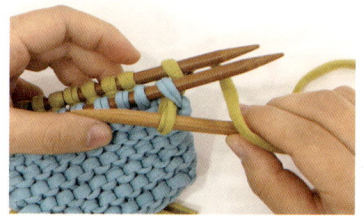

3 두 편물의 첫 번째 코를 동시에 통과시켜 고리를 만들어 앞으로 당깁니다.
(2코를 동시에 겉뜨기합니다.)

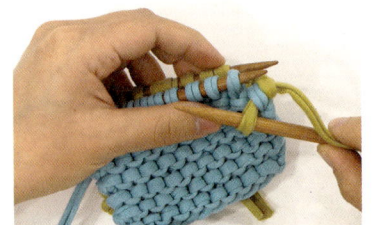

4 두 편물의 첫 번째 코를 왼쪽 바늘에서 빼냅니다.

5 동일한 방법으로 한 코 더 뜹니다.

6 왼쪽 앞 바늘을 오른쪽 바늘의 첫 번째 코에 넣어요.

7 앞쪽 코에 덮어씌우기합니다.

8 왼쪽 바늘을 빼면 2코 코막음이 한 번 진행된 상태입니다.

9 과정 5~7번을 마지막 1코가 남을 때까지 반복합니다.
실을 자르고 고리를 당겨서 마무리합니다.

⎸↗ 코 늘리기 ▸▸ 오른코 늘리기

1 한 단 아래쪽의 코를 끌어올립니다.
(빨간색 바늘이 꽂혀있는 부분.)

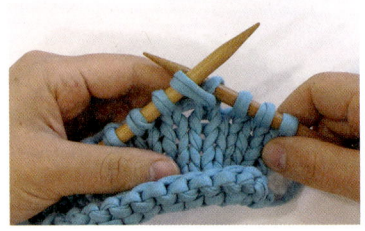

2 오른쪽 바늘을 끌어올린 코의 앞에서 뒤쪽으로 넣어주세요.

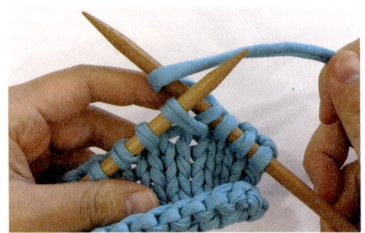

3 실을 오른쪽 바늘에 반시계방향으로 감아줍니다.

4 감은 실을 그대로 빼냅니다.

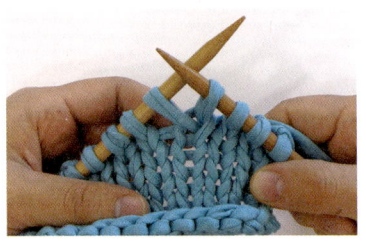

5 왼쪽에 있는 코는 그대로 겉뜨기합니다.

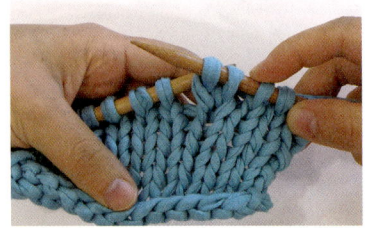

6 오른코 늘리기 완성.

코 늘리기 ▸▸ 왼코 늘리기

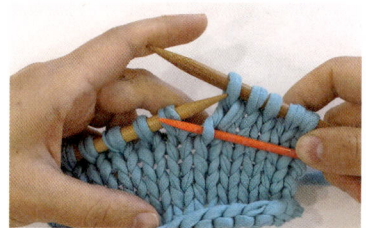

1 두 단 아래쪽의 코를 끌어올립니다.
(빨간색 바늘이 꽂혀있는 부분.)

2 왼쪽 바늘을 끌어올린 코의 뒤에서 앞
으로 넣어주세요.

3 오른쪽 바늘을 왼쪽 바늘에 걸린 코에
넣는데, 바깥쪽으로 넣어줍니다. 그렇
게 하면 코가 꼬이지 않아요.

4 실을 오른쪽 바늘에 반시계방향으로
감으세요.

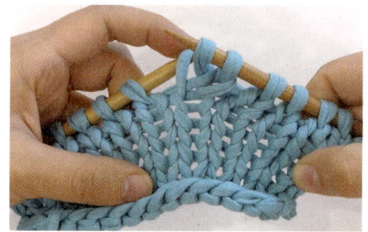

5 감은 실을 그대로 빼냅니다.

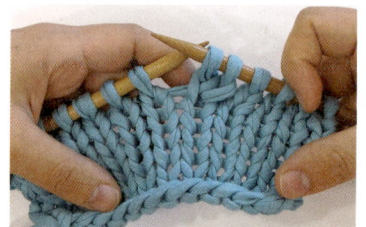

6 왼코 늘리기 완성.

코 늘리기 ▸▸ 겉뜨기로 꼬아서 늘리기

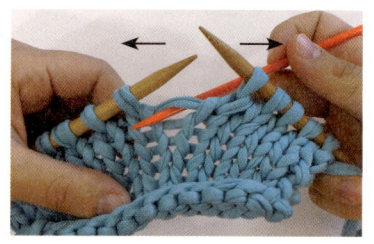

1 바늘을 양옆으로 당기면 코와 코 사이
에 빨간색 바늘이 있는 부분처럼 줄이
있습니다.

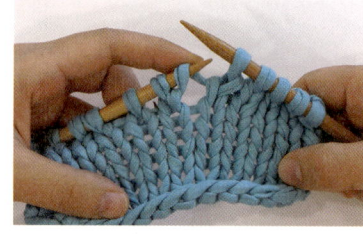

2 왼쪽 바늘을 뒤에서 앞으로 넣어 줄을
바늘에 걸어주세요.

3 앞에서 뒤로 겉뜨기하듯이 오른쪽 바
늘을 넣어줍니다.
코가 꼬이면서 들어가야 나중에 구멍
이 나지 않아요.

4 실을 오른쪽 바늘에 반시계방향으로
감으세요.

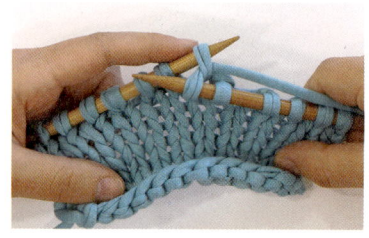

5 감은 실을 그대로 빼냅니다.

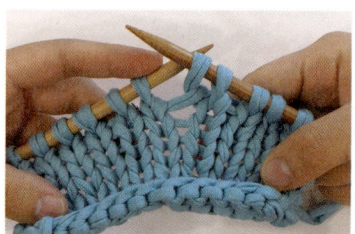

6 왼쪽 오른쪽 어떤 방향이든 적용할 수
있는 코 늘리기 방법입니다.

코 늘리기 ▶▶ 앞뒤로 늘리며 뜨기

1 겉뜨기 1코를 하는데, 왼쪽 바늘에서 코를 빼지 않아요.

2 오른쪽 바늘을 같은 코 안쪽에서 뒤쪽으로 넣어줍니다.

3 실을 오른쪽 바늘에 반시계방향으로 감아주세요.

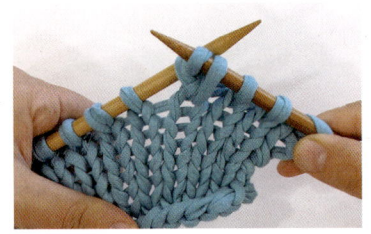

4 감은 실을 그대로 빼냅니다.

5 코 늘리기가 완성되었습니다.

📐 코 줄이기 ▶▶ 오른코 줄이기

1 왼쪽 바늘의 코에 겉뜨기하듯 넣고 뜨지 않습니다. 오른쪽 바늘로 그대로 옮겨줍니다.

2 다음 1코는 겉뜨기 해주세요.

3 왼쪽 바늘을 그대로 빼냈던 코 앞쪽으로 넣습니다.

4 앞코에 덮어씌우기해 주세요.

5 오른코 줄이기가 완성되었습니다.

∧ 코 줄이기 ▸▸ 왼코 줄이기(겉뜨기로 2코 모아뜨기)

1 왼쪽 바늘에 걸린 2개의 코에 겉뜨기
하듯이 오른쪽 바늘을 넣어주세요.

2 실을 오른쪽 바늘에 반시계방향으로
감아주세요.

3 감은 실을 그대로 빼냅니다.

4 왼코 줄이기가 완성되었습니다.

코 줄이기 ▸▸ 안뜨기로 2코 모아뜨기

1 왼쪽 바늘에 있는 2코에 바늘을 넣어
주세요.

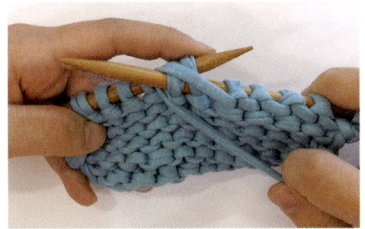

2 실을 오른쪽 바늘에 반시계방향으로
감아주세요.

3 감은 실을 그대로 빼냅니다. 그 후 왼쪽
두 코는 한번에 바늘에서 빼내주세요.

1 실을 바늘과 바늘 사이로 당겨 앞으로 가져옵니다.

2 왼쪽 바늘을 겉뜨기하듯이 오른쪽 바늘의 바깥쪽으로 넣어주세요.

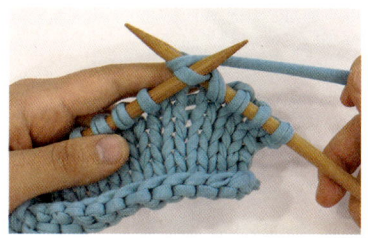

3 실을 앞에서 뒤로 넘기면서 오른쪽 바늘에 반시계방향으로 감아주세요.

4 일반 겉뜨기와 동일하게 감은 실을 그대로 빼냅니다.

5 바늘비우기는 실을 앞으로 가져오는 것까지입니다. 왼쪽에 1코 뜨는 건 따로 겉뜨기 1코를 한 거예요. 여기서 헷갈리면 전체 콧수가 맞지 않으니 주의하세요.

TIP 레이스 무늬나 작은 단춧구멍을 만들 때 씁니다.

장갑 엄지 부분

1 엄지손가락 부분 전까지 겉뜨기를 합니다.

2 새로운 실을 연결해서 겉뜨기 5코를 합니다.

3 새로운 실로 5코 겉뜨기한 부분을 그대로 왼쪽 바늘에 옮겨주세요.

4 새로운 실로 뜬 부분을 그대로 지나가
며 겉뜨기합니다.

5 색이 다른 부분이 엄지손가락이 될 부
분이에요.

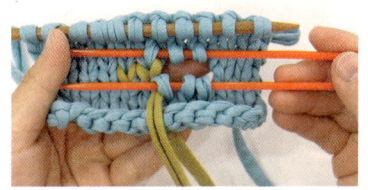

6 실을 풀면서 나오는 한 코씩을 양쪽
바늘로 위아래에 걸어주세요.

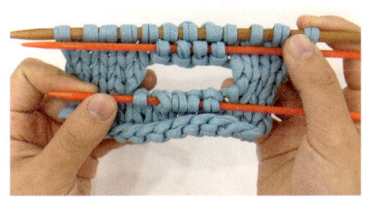

7 아랫부분은 5코, 윗부분은 반 코씩 밀
리게 되니 4코가 잡힙니다.

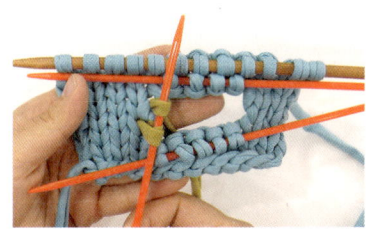

8 엄지 부분에 실을 연결해서 겉뜨기하
며, 양쪽 옆에서도 반 코 시접으로 (가
장자리에 실 한 가닥이 남도록) 2코씩
걸어 올립니다.

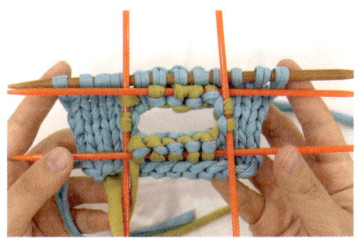

9 원형뜨기로 겉뜨기를 하며 엄지손가
락 부분을 진행합니다.

감아코 만들기

1 왼손 검지에 실을 말아서 쥡니다.

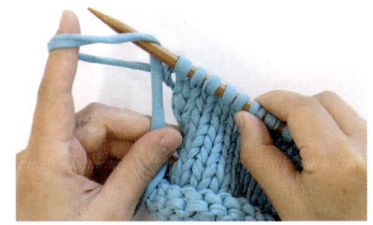

2 바늘을 실 고리의 아래에서 위로 넣으
세요.

3 손가락을 빼고 옆 코와 비슷한 텐션으
로 잡아당깁니다.

단춧구멍 만들기(코막음으로)

1 코막음을 시작한 지점부터 겉뜨기 2 코를 뜹니다.

2 왼쪽 바늘을 오른쪽 바늘에 있는 코 안쪽으로 넣어주세요.

3 앞쪽 코에 덮어씌웁니다.

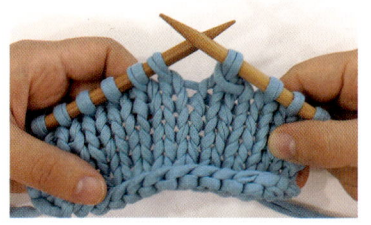

4 코막음 1코가 완성된 상태입니다.

5 왼쪽 바늘에 있는 코 하나를 겉뜨기합니다.

6 다시 덮어씌웁니다.

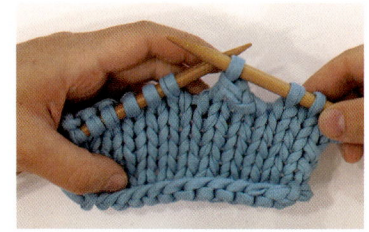

7 이제 2코 코막음을 한 상태입니다.

8 도안에 쓰여 있는 만큼 코막음을 한 상태입니다.

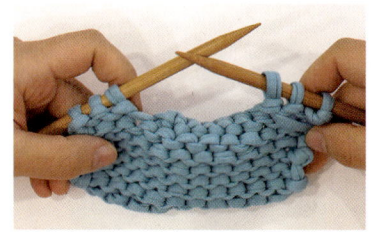

9 다음 단으로 넘어가 구멍 전까지 안뜨 기를 해주세요.

10 감아코 만들기를 할 겁니다. 왼손 검 지에 실을 감아주세요.

11 손에 감은 실 아래에서 위로 바늘을 넣어주세요.

12 손가락을 빼고 실을 당겨주세요.

13 앞단에 코막음을 한 콧수만큼 감아코로 코를 만들어주세요.

14 그대로 이어서 안뜨기로 남은 코를 뜹니다.

15 단춧구멍이 완성되었습니다.

코와 단 세는 법

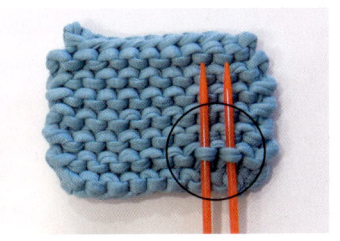

1 가터뜨기에서는 위아래로 물결무늬가 생깁니다.
아래쪽이든 위쪽이든 옆으로 코를 셉니다.

가터뜨기 12단

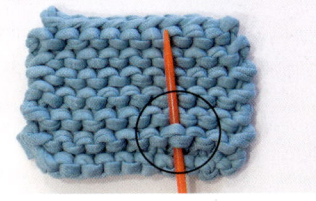

2 위아래 물결무늬가 있으면 2단으로 셉니다.
맨 아래쪽 물결 2개는 세지 않아요.

메리야스뜨기 12단

3 단을 셀 때는 아래쪽 V자부터 위쪽 바늘 아래에 있는 V자까지 셉니다.
코는 V자 하나를 1코로 셉니다.

세로 잇기 ▶▶ 메리야스뜨기

1 1코 시접 방법을 주로 써요. 맨 가장자리 1코를 옆으로 당겨서 보이는 줄을 하나씩 잡을 거예요.

2 돗바늘을 이용해 왼쪽 오른쪽 줄을 하나씩 잡으면서 꿰맵니다.

3 같은 라인을 잘 따라 올라가도록 합니다. 꿰맬 때는 실의 텐션에 주의하세요. 너무 헐거우면 편물이 벌어지고, 너무 타이트하면 꿰맨 자국이 울 수 있어요.

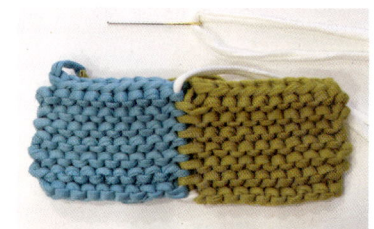

1 두 쪽 다 겉면이 앞으로 오게 합니다. 한쪽에서는 물결 중 아래쪽에 있는 코를, 다른 한쪽에서는 위쪽에 있는 코를 잡을 거예요.

2 단수를 맞춰 한쪽씩 번갈아가면서 돗바늘로 꿰맵니다.

3 가터뜨기 세로 잇기 완성입니다.

1 1코 시접 방법을 주로 써요. 맨 가장자리 1코를 옆으로 당겨서 보이는 줄을 하나씩 잡을 거예요.

2 돗바늘을 이용해 왼쪽 오른쪽 줄을 하나씩 잡으면서 꿰맵니다.

3 1코 고무단 세로 잇기 완성입니다. 2코 고무단에서도 동일하게 가장자리 1코를 남겨두고 줄을 잡아 꿰매면 됩니다.

1 겉뜨기 면에서 V자로 생긴 코 사이에 바늘을 넣고 실을 감아주세요. 실은 따로 묶지 않아도 돼요.

2 겉뜨기 자세를 잡습니다.

3 겉뜨기하듯 실을 감고, 감은 실을 그대로 빼냅니다.

4 바로 왼쪽에 있는 다음 코 V자 사이에 바늘을 넣어주세요.

5 동일하게 겉뜨기하듯 실을 바늘에 감아주세요.

6 감은 실을 그대로 빼냅니다. 동일하게 반복하며 왼쪽으로 진행합니다.

코줍기 ▶▶ 세로 단

1 코와 코 사이에 보이는 라인을 따라 코를 주울 거예요.

2 끝에 한 코가 오도록 바늘을 앞에서 뒤로 넣고, 실을 감아주세요.

3 겉뜨기하듯 실을 앞으로 끌고 나오면서 고리를 만들어주세요.

4 다음 코에 바늘을 앞에서 뒤로 넣습니다.

5 실을 바늘에 반시계방향으로 감아주세요.

6 겉뜨기하듯 고리를 만들며 앞으로 끌고 오세요.

7 보통은 네 단에 3코를 잡으나 경우에 따라 세 단에 2코, 혹은 모든 단에 1코씩 잡는 경우도 있습니다.

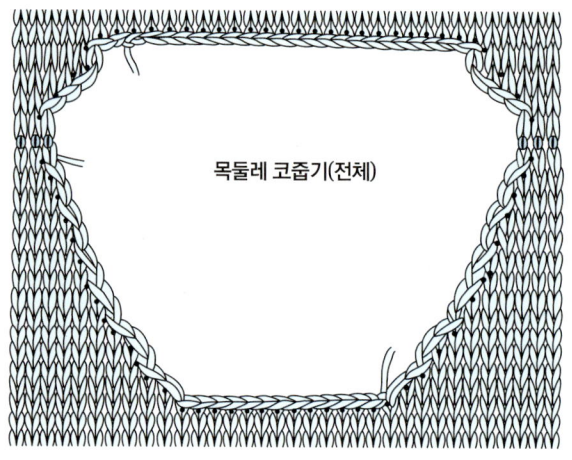

목둘레 코줍기(전체)

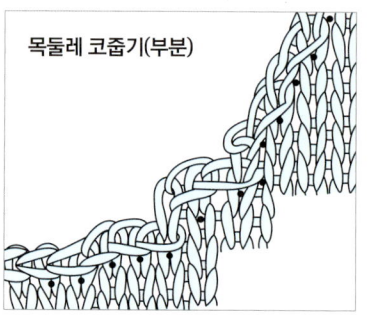

목둘레 코줍기(부분)

1 겉면 왼쪽 어깨 연결 부분부터 시작합니다. 새로운 실을 고정할 필요는 없습니다.

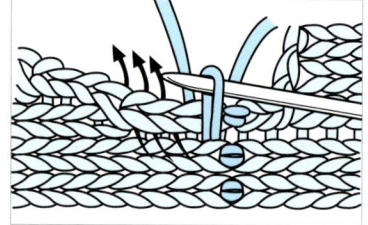

2 1코 안쪽의 단마다 겉뜨기하듯이 대바늘에 실을 감아코로 만듭니다. 몸판을 했던 바늘 사이즈보다 한 사이즈 작은 바늘을 쓰면 목 밴드 부분이 탄력적으로 나옵니다.

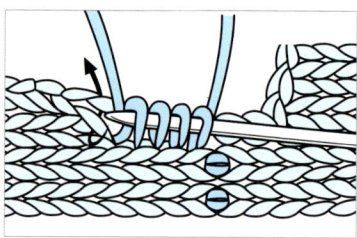

3 코를 줄였던 부분에서는 아래쪽 코 중앙에서 코를 줍는 게 보기 좋습니다.

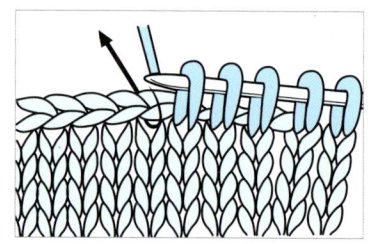

4 가로 부분에서는 1코에 1코씩 줍습니다.

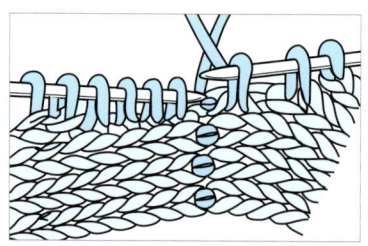

5 전체적으로 좌우가 대칭되도록 코를 줍습니다.

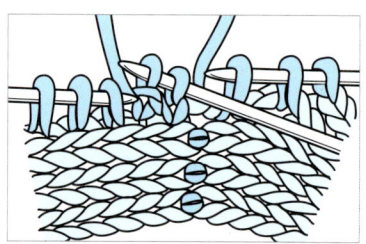

6 짝수로 코를 잡아야 1코 혹은 2코 고무뜨기를 진행할 수 있습니다. 장갑바늘 4개를 써도 되지만 40cm 줄대바늘을 쓰면서 시작점에 표시링을 끼워 작업하면 몇 단까지 작업했는지 알기 쉽습니다.

TIP 코를 고르게 줍는 건 상당한 연습이 필요합니다. 초보라면 너무 스트레스 받지 않도록 책의 내용과 약간 달라도 눈에 봤을 때 어색하지 않게 코줍기에 집중해도 좋습니다. 코를 줍다가 코가 늘어난 부분이 나오면 그 지점은 건너뛰어도 됩니다. 완성한 후 구멍이 더 크게 보일 수 있어요. 목둘레에서 코줍기는 보통 겉면 왼쪽 어깨에서 시계방향으로 진행합니다.

1 컬러가 다른 여분의 실로 시작코를 잡습니다.

2 원하는 만큼 메리야스뜨기를 해주세요.

3 안뜨기 면이 앞에 오도록 하고, 시작단이 위로 가도록 편물을 돌려주세요.

4 메인 컬러의 실로 만든 첫 번째 단에서 코를 주울 거예요.
위에서 아래 방향으로 바늘을 넣어요.

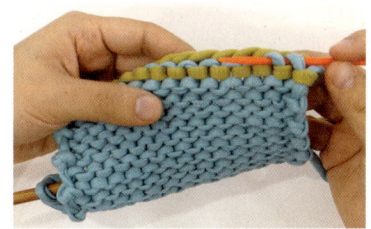

5 왼쪽으로 이동하며 코를 주워줍니다.

6 맨 끝에 있는 코는 뒤로 말려있기 때문에 잘 안 보일 수 있지만, 끝까지 잡아주세요.(이 코는 잡는 경우가 있고 잡지 않는 경우도 있습니다.)

7 코줍기가 완성되었습니다.

팝콘뜨기

1 겉뜨기 1코를 해주세요.

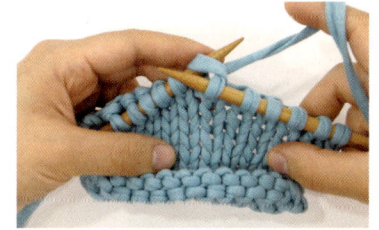

2 이때 왼쪽 바늘에서 코를 빼지 않아요. 그대로 두세요.

3 실을 바늘과 바늘 사이로 해서 앞으로 가져옵니다.

4 같은 자리에 안뜨기 1코 해주세요.

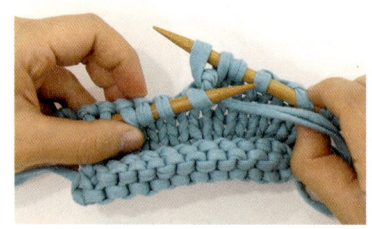

5 역시 왼쪽 바늘의 코는 빼내지 않아요.

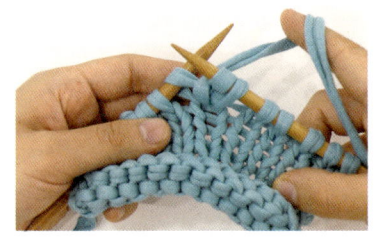

6 바늘과 바늘 사이로 해서 실을 뒤로 보냅니다.

7 왼쪽 바늘에서 코를 빼내지 않고 겉뜨기해주세요. 이렇게 겉뜨기, 안뜨기를 총 5번을 반복합니다.

8 마지막으로 코 안쪽으로 바늘을 넣어 겉뜨기합니다.
이제 왼쪽 바늘에서 코를 뺍니다.

9 팝콘뜨기한 6코를 두 번째 코부터 하나씩 앞으로 덮어씌우기합니다.

10 팝콘뜨기가 완성되었습니다.
(색깔이 다른 팝콘을 만들고 싶으면 1번부터 새로운 실을 연결해서 작업하세요.)

실 끝 처리하기(마무리)

편물에서 실매듭을 짓고 남은 실을 바짝 자르면 풀어질 수 있어요. 그래서 일단 10~15cm 정도 넉넉히 남기고 잘라주세요. 편물을 뒤집어 솔기 부분, 혹은 끝부분에 돗바늘을 사용하여 사이사이 넣어줍니다.

아이코드 만들기

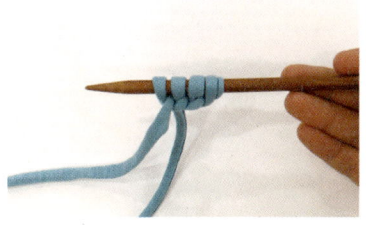

1 양쪽 바늘을 사용해서 4코를 잡아줍
니다.

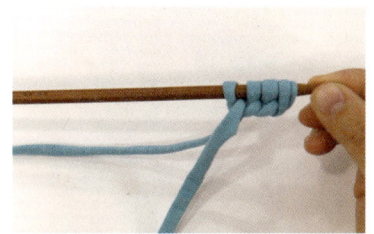

2 코를 오른쪽 끝으로 밀어주세요.

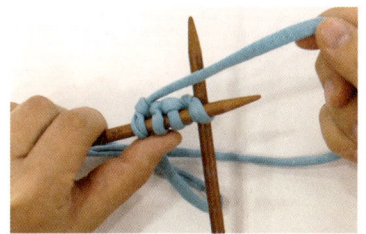

3 맨 끝에 있는 실을 당겨 첫 번째 코를
겉뜨기합니다.

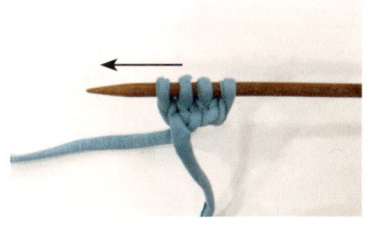

4 겉뜨기를 하면 오른쪽 바늘 앞쪽에 위
치할 거예요.

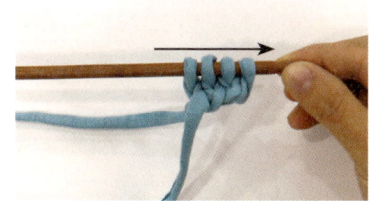

5 다시 뒤쪽으로 전체를 밀어주세요.

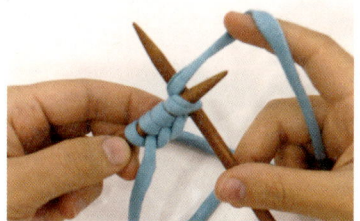

6 맨 끝 쪽에 있는 실을 당겨 첫 번째 코
를 겉뜨기합니다.

7 과정 4~6을 반복하면 원통형 모양의
아이코드가 진행됩니다.

8 끝낼 때는 실을 자른 후 돗바늘에 꿰
어 첫 번째 코부터 통과시킵니다.

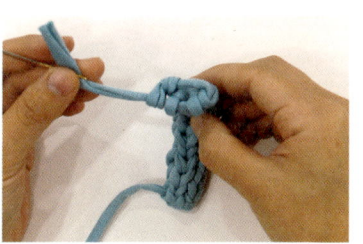

9 2~3번 정도 같은 자리에 통과시키고
실을 당겨 오므려줍니다.

10 안쪽으로 실 끝을 넣고 마무리합니다.

배색하기

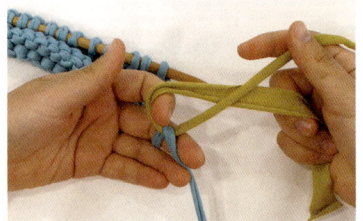

1 실 끝을 15cm가량 남기고 새로운 실을 기존의 실에 한 바퀴 둘러주세요.

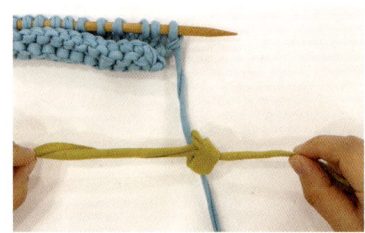

2 운동화 끈 묶듯이 한번 꽉 묶어줍니다.

3 편물 시작점으로 새로운 실을 밀어 올려주세요.

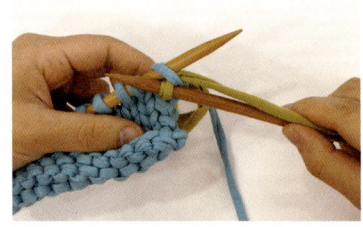

4 그대로 새 실로 작업합니다. 이때 기존의 실은 자르지 마세요.

5 겉뜨기 한 줄, 안뜨기 한 줄, 이렇게 2단 혹은 4단을 뜹니다. 배색할 때는 짝수로 단을 진행합니다.

6 다시 기존의 실을 끌어 올려 스트라이프 배색으로 뜹니다.

실 연결하기

1 실 끝을 15cm가량 남기고 새로운 실을 기존의 실에 한 바퀴 둘러주세요.

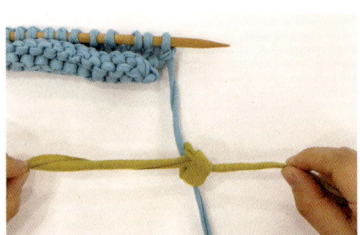

2 운동화 끈 묶듯이 한번 꽉 묶어줍니다.

3 편물 시작점으로 새로운 실을 밀어 올려주세요.

4 그대로 새 실로 작업합니다. 보통 편물 가로 넓이의 3배 이상이 되지 않으면 끝에서 새 실을 연결하는 편이 좋습니다.

겹단 만들기

1 컬러가 다른 여분의 실로 시작코를 잡고, 메인 실로 안뜨기부터 시작해서 메리야스뜨기 해주세요.

2 원하는 만큼 짝수 단을 뜨고 안뜨기 면이 앞에 오도록 합니다.

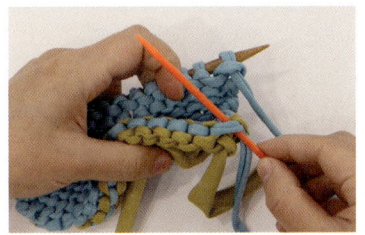

3 빨간색 바늘이 들어간 코를 주워 올릴 거예요.

4 맨 아랫단의 코와 바늘에 걸린 코에 오른쪽 바늘을 넣으세요.

5 실을 바늘에 반시계방향으로 감으세요.

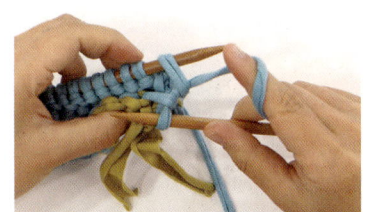

6 감은 실을 그대로 빼냅니다.

7 한 코씩 옆으로 이동하며 같은 방법으로 아랫단을 끌어올려 겉뜨기합니다.

8 마지막으로 코는 옆으로 말려있어 잘 안 보일 수도 있지만, 끝까지 잘 잡아서 끌어올려 주세요.

9 아랫단 코를 끝까지 주워 올려 겉뜨기를 한 모양입니다.

10 이제 여분의 실을 잘라내면 겹단이 완성됩니다.

원형뜨기

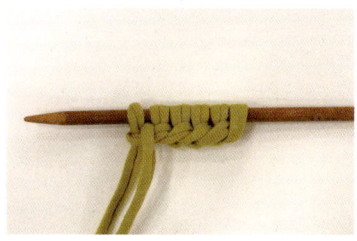

1 기본 코 만들기 방법으로 양쪽 바늘 하나에 필요한 개수의 코를 잡습니다.

2 일반 코잡기 손 위치를 유지하고, 왼손 엄지 아래에서 위쪽으로 새 바늘을 넣어주세요.

3 왼손 검지에 있는 실을 당겨와 엄지 쪽 고리로 빼냅니다.

4 새 바늘로 첫코를 만들 때는 다른 코를 만들 때보다 살짝 더 타이트하게 당겨주세요.
이어서 바늘에 코를 만듭니다.

5 원하는 만큼의 코를 각 바늘에 만들고, 코가 꼬이지 않도록 매듭이 안쪽으로 가도록 정리합니다.

6 새로운 바늘을 이용해 제일 처음 만들었던 코를 떠주세요.
첫코는 살짝 타이트하게 당겨줍니다.

7 실 끝이 있는 바늘까지 뜨면 1단 완성입니다.

8 코의 개수에 따라 사용하는 바늘은 보통 4개 혹은 5개입니다.
반대 방향으로 가지 않도록 주의하세요.

1 오른쪽 바늘을 왼쪽 바늘의 코에 안뜨기하듯 안쪽으로 넣습니다.

2 왼쪽 바늘에서 코를 빼냅니다.

3 실을 바늘과 바늘 사이로 통과시켜 앞으로 가져옵니다.

4 왼쪽 바늘로 코를 다시 보냅니다. 이때도 안뜨기하듯이 바늘을 코 안쪽으로 그대로 넘겨주세요.

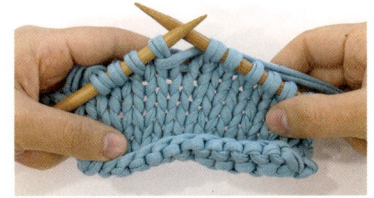

5 다시 실을 바늘과 바늘 사이로 통과시켜 뒤로 넘겨주세요.

6 편물을 돌려 안뜨기합니다.

1 왼쪽 바늘에 가로로 걸린 되돌아뜨기 부분 전 코까지 겉뜨기합니다.

2 되돌아뜨기한 가로줄에 그대로 앞에서 뒤로, 그리고 동시에 기존의 코도 겉뜨기하듯 오른쪽 바늘을 넣으세요.

3 실을 오른쪽 바늘에 반시계방향으로 감아줍니다.

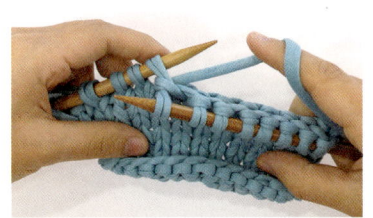

4 감은 코를 그대로 빼냅니다.

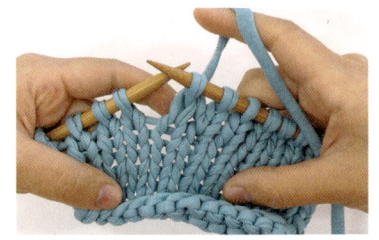

5 겉뜨기 면에서 되돌아뜨기 단 정리가 완성되었습니다.

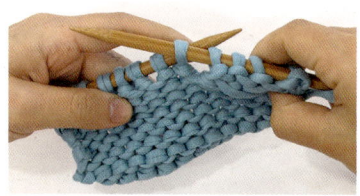

1 오른쪽 바늘을 왼쪽 바늘의 코에 안뜨 기하듯 안쪽으로 넣습니다.

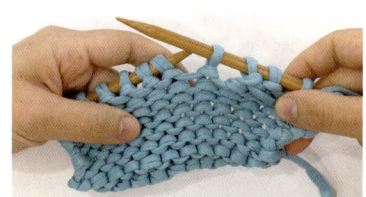

2 왼쪽 바늘에서 코를 빼냅니다.

3 실을 바늘과 바늘 사이로 통과시켜 뒤 로 넘깁니다.

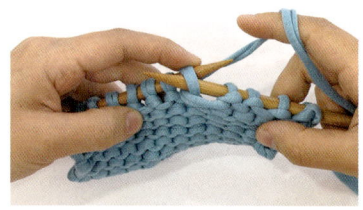

4 왼쪽 바늘로 코를 다시 보냅니다. 이때도 안뜨기하듯이 바늘을 코 안쪽 으로 그대로 넘겨주세요.

5 실을 다시 바늘과 바늘 사이로 통과시 켜 앞으로 가져오세요.

6 편물을 돌려 겉뜨기합니다.

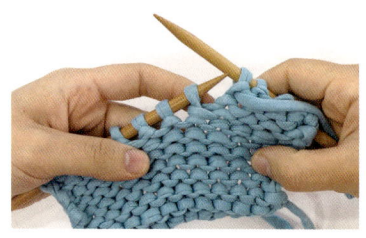

1 왼쪽 바늘에 가로로 걸린 되돌아뜨기 부분 전 코까지 안뜨기를 합니다.

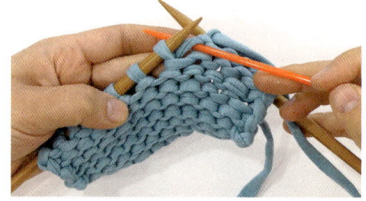

2 되돌아뜨기한 가로줄 부분의 뒤쪽을 끌어올립니다.

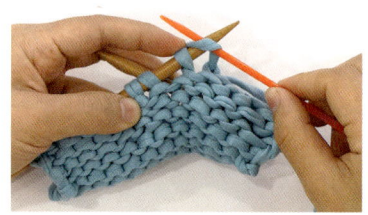

3 그대로 왼쪽 바늘에 씌워줍니다.

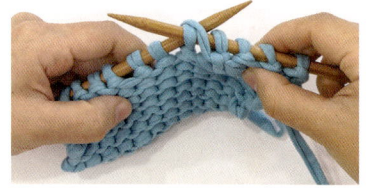

4 안뜨기 방향으로 2코에 바늘을 넣으 세요.

5 실을 오른쪽 바늘에 반시계방향으로 감으세요.

6 감은 코를 그대로 뒤로 빼냅니다.

7 안뜨기 면에서의 되돌아뜨기 단 정리
　 가 완성되었습니다.

폼폼 만들기

1 원하는 폼폼 지름보다 조금 크게 종이
　 를 자른 후, 충분히 빵빵해지도록 실
　 을 감아주세요.

2 가위를 깊숙이 넣어 종이 양쪽 끝을
　 반으로 자릅니다.

3 새로운 실로 가운데 부분을 튼튼하게
　 잡아당겨 묶어줍니다.

4 가위로 실 양쪽 끝을 자릅니다. 잘 드
　 는 가위를 써주세요.

5 삐뚤빼뚤 약간은 엉망이지만 괜찮습
　 니다.

6 가위로 동그랗게 잘 다듬어주세요.

코바늘뜨기 ▶▶ 원형뜨기

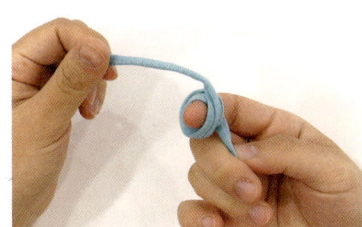

1 실을 오른손 검지에 반시계방향으로
　 두 번 감습니다.

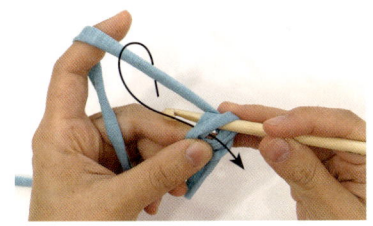

2 그대로 손가락을 빼 왼손으로 포지션
　 을 만들어줍니다.
　 오른손으로 연필 잡듯이 코바늘을 가
　 볍게 잡아주세요.

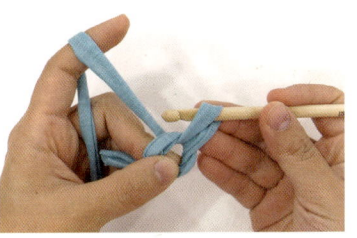

3 실을 코바늘에 걸고 고리 안으로 빼냅
　 니다.

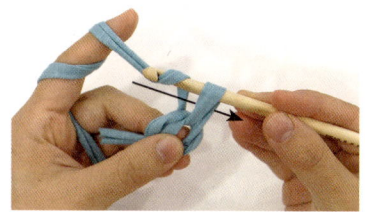

4 다시 코바늘에 실을 걸고 고리 안으로 통과시켜 앞으로 빼냅니다. 여기까지가 원형뜨기 세팅이에요.

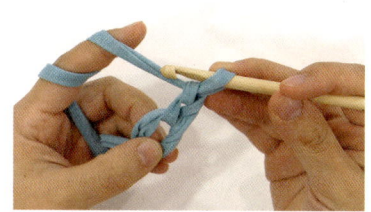

5 동일한 방법으로 실을 감아 고리 안으로 빼냅니다. 사슬뜨기 방법이며 기둥코라고 합니다.

6 이제 짧은뜨기를 시작합니다. 큰 고리에 코바늘을 넣고 실을 감아서 고리 안으로 빼냅니다.

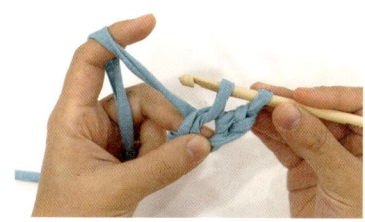

7 그럼 코바늘에 실이 두 개가 걸리게 될 거예요.

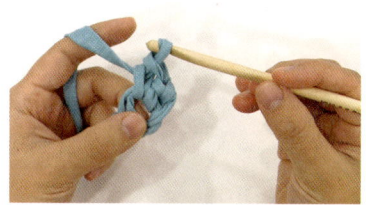

8 과정 6과 같은 방향으로 실을 감아 코바늘에 걸린 2개의 고리 안으로 한번에 빼냅니다.

9 짧은뜨기가 한 코 완성되었습니다. 코바늘 바로 뒤에 있는 코에 표시링을 걸어 첫 번째 코를 표시해둡니다.

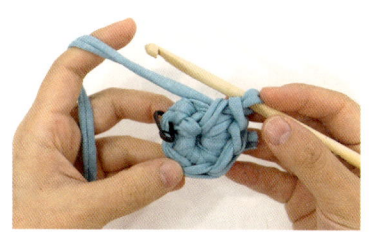

10 큰 고리에 짧은뜨기 6코를 뜹니다.

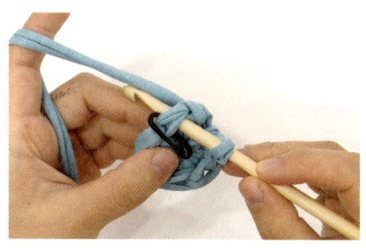

11 이제 두 번째 단으로 넘어갑니다. 표시링을 끼워 놓은 첫 번째 코에 짧은뜨기를 합니다.

12 바로 표시링을 빼서 두 번째 단의 첫 번째 코로 옮겨줍니다.

13 도안대로 짧은뜨기를 진행합니다. 사진처럼 한 코에 두 번 넣으면 코 늘리기가 됩니다.

TIP 진행하면서 표시링이 빠지거나 지나치지 않도록 주의하세요.

1 실을 고리 안으로 빼내며 당겨와 사슬 뜨기 1코를 뜹니다.

2 이제 왼쪽이 아닌 오른쪽으로 방향을 바꿔 짧은뜨기를 합니다.
오른쪽 방향 첫코에 코바늘을 넣어주 세요.

3 실을 걸고 끌고 와서 코바늘에 2개의 실이 걸렸다면 다시 실을 감아 이 두 개의 고리 안으로 한번에 빼냅니다.

4 방향을 바꾼 되돌아 짧은뜨기 1코가 완성되었습니다.

5 과정 2~4를 반복하여 오른쪽으로 진 행하며 되돌아 짧은뜨기를 끝까지 진 행합니다. 되돌아 짧은뜨기는 약간 헐 겁게 해야 끝 모양이 둥글게 나와서 예뻐요.

p. 10-11

01 프릴 리본 롬퍼(a)

완성 사이즈 6(12)개월

실 오가닉 면 25g 4(4)볼

바늘 줄대바늘 2.5mm, 3mm, 장갑바늘 3mm 2개

부재료 돗바늘, 12mm 단추 2개, 여분의 실

게이지 24코 × 30단 메리야스뜨기

도구와 기법 73~111쪽 참조

How To Make

뒤판

1 여분의 실로 3mm 줄대바늘에 84(94)코를 잡는다.

2 이제 본래의 실로 시작한다. 도안을 참고하여 양쪽 끝 1코 사이를 줄이며 겉뜨기 단으로 시작, 총 60(72)단을 메리야스뜨기로 진행한다.

3 도안을 참고해서 양쪽 진동과 목둘레를 줄인 후, 양쪽 어깨 부분이 4코가 되었을 때 장갑바늘로 바꾼다. 아이코드 뜨기로 끈을 만들어 마무리한다.

4 편물 시작 부분으로 돌아가 31(31)코가 중앙에 오도록 3mm 줄대바늘로 뒷면에서 코를 줍는다.

5 새로 실을 연결한 후, 도안을 참고하여 양쪽 끝 1코 사이를 줄이며 겉뜨기 단부터 28(28)단을 메리야스뜨기로 진행한다.

6 나머지 13코를 1코 고무뜨기로 6단 진행하고 코막음한다. 이때 양쪽 끝은 겉면에서 겉뜨기 2코가 되도록 한다.

앞판

1 여분의 실로 3mm 줄대바늘에 84(94)코를 잡는다.

2 이제 본래의 실로 시작한다. 도안을 참고하여 양쪽 끝 1코 사이를 줄이며 겉뜨기 단으로 시작, 총 60(72)단을 메리야스뜨기로 진행한다.

3 도안을 참고해서 양쪽 진동과 목둘레를 줄인 후, 양쪽 어깨 부분이 4코가 되었을 때 장갑바늘로 바꾼다. 아이코드 뜨기로 끈을 만들어 마무리한다.

4 편물 시작 부분으로 돌아가 21(21)코가 중앙에 오도록 3mm 줄대바늘로 뒷면에서 코를 줍는다.

5 새로 실을 연결한 후 도안을 참고하여 양쪽 끝 1코 사이를 줄이며 겉뜨기 단부터 16(16)단을 메리야스뜨기로 진행한다.

6 나머지 13코를 1코 고무뜨기로 진행한다. 이때 양쪽 끝은 겉면에서 겉뜨기 2코가 되도록 한다.

7 2단을 뜨고, 3단째에 도안을 참고하여 단춧구멍을 만든다.

8 3단 더 고무뜨기를 진행하고 코막음한다.

연결하기

앞판과 뒤판을 서로 겉면이 바깥으로 나오게 포갠 후, 돗바늘을 사용하여 옆선을 꿰맨다.

다리 밴드 부분

1 2.5mm 줄대바늘을 이용하여 다리 부분의 코를 홀수로 줍는다. 이때 줄대바늘에 1코를 만들고 시작하며
   끝나고 나서 감아코로 1코 만들어준다.

2 다리 부분 사선에서는 세 단에 2코씩 잡고, 여분의 실로 코를 잡았던 부분은 메인 실의 코를 그대로 끌어올린다.

3 1코 고무뜨기로 7단 뜬다. 이때 시작과 끝 코는 겉면에서 겉뜨기 1코가 되도록 한다.

4 코막음하여 마무리한다.

5 단추를 단 후, 처음 코를 잡았던 여분의 실을 모두 잘라낸다.

프릴 부분

1 앞판 왼쪽 어깨 부분, 아이코드가 시작되는 부분부터 새로 실을 연결한다.
   목선을 따라 3mm 줄대바늘로 대칭이 되는 부분까지 코를 줍는다.

2 마지막에 2코가 남을 때까지 1코를 앞뒤로 떠서 2코로 늘리며 겉뜨기하고, 되돌아뜨기한다.

3 마지막에 2코가 남을 때까지 안뜨기하고 되돌아뜨기한다.

4 되돌아뜨기 1코 전까지 겉뜨기하고 되돌아뜨기한다.

5 되돌아뜨기 1코 전까지 안뜨기하고 되돌아뜨기한다.

* 과정4-5를 한 세트로 총 5회 더 반복한다.

6 되돌아뜨기 부분 코를 같이 주워 단을 정리하며 끝까지 겉뜨기한다.
   이때 앞뒤로 떠서 코 늘리기가 총 16번 고르게 들어가도록 한다.

7 되돌아뜨기 부분 코를 같이 주워가며 끝까지 겉뜨기를 한 번 더 한다.

8 겉뜨기 3단 더 하고 코막음한다.

9 양쪽 끝에 남은 실로 프릴의 가장자리를 예쁘게 잡아 정리한다.

TIP 다리 밴드 부분에서 1코 고무단뜨기의 코막음 마무리는 대바늘로 해도 되지만 돗바늘을 사용하면 훨씬 보기가 좋습니다.

• 검은색 표기: **12개월**
• 파란색 표기: 6개월

뒤판

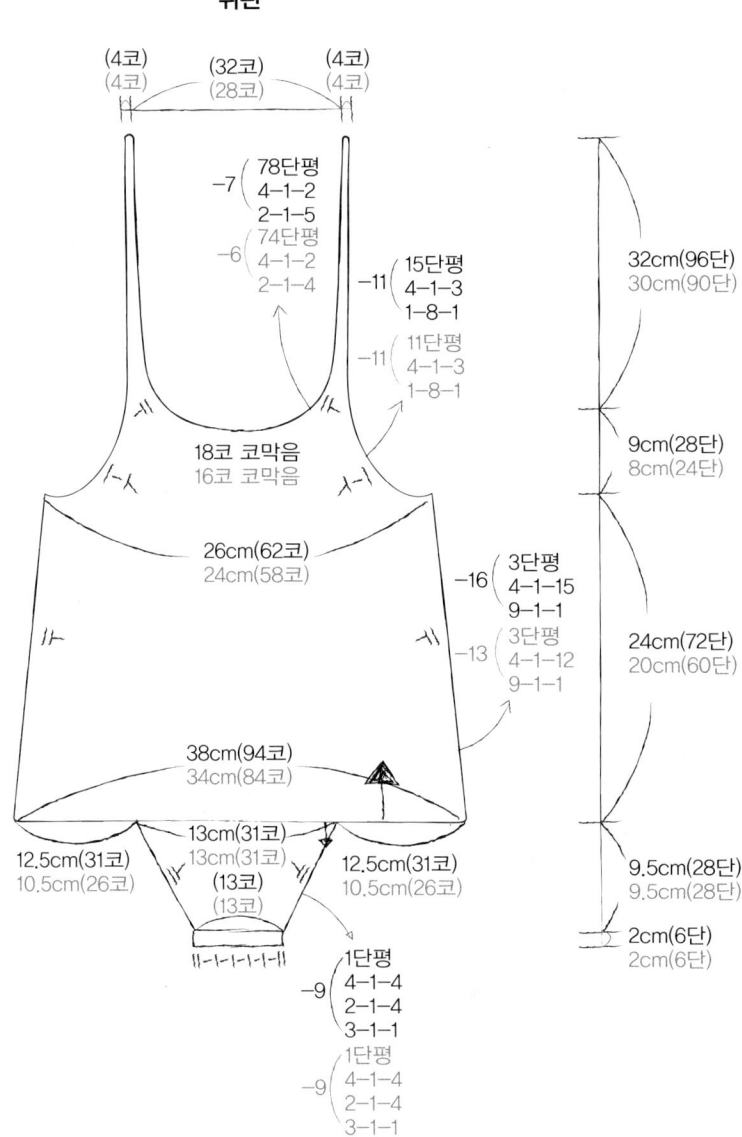

(4코) (32코) (4코)
(4코) (28코) (4코)

−7 { 78단평
4−1−2
2−1−5

−6 { 74단평
4−1−2
2−1−4

−11 { 15단평
4−1−3
1−8−1

−11 { 11단평
4−1−3
1−8−1

18코 코막음
16코 코막음

26cm(62코)
24cm(58코)

−16 { 3단평
4−1−15
9−1−1

−13 { 3단평
4−1−12
9−1−1

38cm(94코)
34cm(84코)

13cm(31코)
13cm(31코)
(13코)
(13코)

12.5cm(31코)   12.5cm(31코)
10.5cm(26코)   10.5cm(26코)

−9 { 1단평
4−1−4
2−1−4
3−1−1

−9 { 1단평
4−1−4
2−1−4
3−1−1

32cm(96단)
30cm(90단)

9cm(28단)
8cm(24단)

24cm(72단)
20cm(60단)

9.5cm(28단)
9.5cm(28단)

2cm(6단)
2cm(6단)

앞판

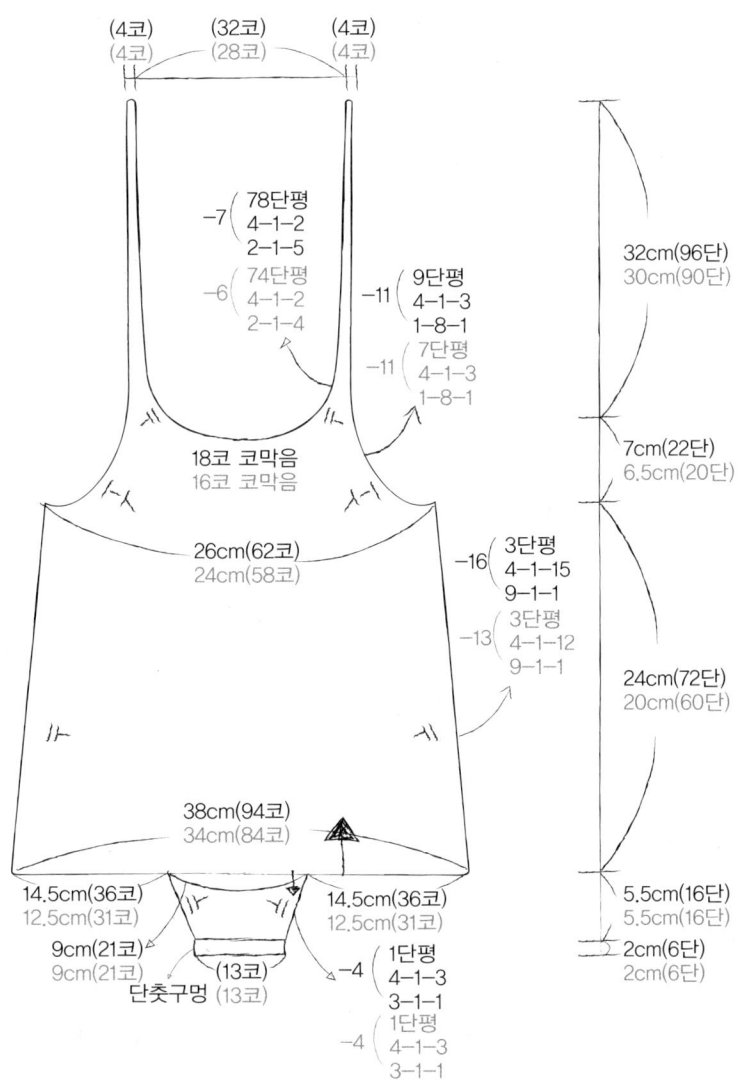

(4코) (32코) (4코)
(4코) (28코) (4코)

−7 (78단평
       4−1−2
       2−1−5

−6 (74단평
       4−1−2
       2−1−4

−11 (9단평
        4−1−3
        1−8−1

−11 (7단평
        4−1−3
        1−8−1

18코 코막음
16코 코막음

32cm(96단)
30cm(90단)

7cm(22단)
6.5cm(20단)

26cm(62코)
24cm(58코)

−16 (3단평
        4−1−15
        9−1−1

−13 (3단평
        4−1−12
        9−1−1

24cm(72단)
20cm(60단)

38cm(94코)
34cm(84코)

5.5cm(16단)
5.5cm(16단)

2cm(6단)
2cm(6단)

14.5cm(36코)   14.5cm(36코)
12.5cm(31코)   12.5cm(31코)

9cm(21코)
9cm(21코)

(13코)

단춧구멍 (13코)

−4 (1단평
       4−1−3
       3−1−1

−4 (1단평
       4−1−3
       3−1−1

단춧구멍

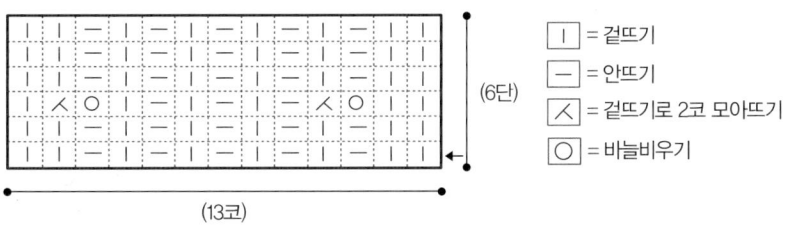

(6단)

(13코)

| | = 겉뜨기
| − | = 안뜨기
| 人 | = 겉뜨기로 2코 모아뜨기
| ○ | = 바늘비우기

※ 6개월, 12개월 공통

01 보닛(b)

완성 사이즈 6(12)개월

실 오가닉 면 25g 2(2)볼

바늘 40cm 줄대바늘 3mm, 장갑바늘 3mm 4개

부재료 돗바늘, 표시링

게이지 24코 × 30단 메리야스뜨기

도구와 기법 73~111쪽 참조

P. 10-11

How To Make

1 3mm 줄대바늘에 241(271)코를 잡는다. 시작 부분이 헷갈리지 않도록 표시링을 걸고, 원형뜨기를 한다.

2 표시링을 옮겨가며 겉뜨기 1단, 안뜨기 1단, 겉뜨기 1단, 안뜨기 1단, 겉뜨기 1단 한다.
  과정 3-10까지 두 사이즈 동일한 방식으로 진행한다.

3 겉뜨기 1코, [실 앞으로 가져오기, 겉뜨기 3코, 안뜨기 방향으로 1코 빼기, 겉뜨기로 2코 모아뜨기,
  이전에 뺐던 코를 앞코에 덮어씌우기, 겉뜨기 3코, 실 앞으로 가져오기, 겉뜨기 1코] × 끝까지 반복.

4 겉뜨기 1단

5 겉뜨기 4코 [안뜨기 방향으로 1코 빼기, 겉뜨기로 2코 모아뜨기, 이전에 뺐던 코를 앞코에 덮어씌우기, 겉뜨기 7코] ×
  마지막에 7코가 남을 때까지 반복, 안뜨기 방향으로 1코 빼기, 겉뜨기로 2코 모아뜨기, 이전에 뺐던 코를 앞코에
  덮어씌우기, 겉뜨기 4코. (193 / 217코)

6 겉뜨기 1단

7 겉뜨기 3코 [안뜨기 방향으로 1코 빼기, 겉뜨기로 2코 모아뜨기, 이전에 뺐던 코를 앞코에 덮어씌우기, 겉뜨기 5코] ×
  마지막에 6코가 남을 때까지 반복, 안뜨기 방향으로 1코 빼기, 겉뜨기로 2코 모아뜨기, 이전에 뺐던 코를 앞코에
  덮어씌우기, 겉뜨기 3코. (145/163코)

8 겉뜨기 1단

9 겉뜨기 2코 [안뜨기 방향으로 1코 빼기, 겉뜨기로 2코 모아뜨기, 이전에 뺐던 코를 앞코에 덮어씌우기, 겉뜨기 3코] ×
  마지막에 5코가 남을 때까지 반복, 안뜨기 방향으로 1코 빼기, 겉뜨기로 2코 모아뜨기, 이전에 뺐던 코를 앞코에
  덮어씌우기, 겉뜨기 2코. (97/109코)

10 두 사이즈 모두 겉뜨기 20단 진행한다.
  장갑바늘 3개에 코를 나누어 옮긴다.

11 **6개월 사이즈 줄이기:** 겉뜨기 15코, (겉뜨기로 2코 모아뜨기, 겉뜨기 14코) × 5회 반복, 겉뜨기로 2코 모아뜨기. (91코)
  12개월 사이즈 줄이기: 겉뜨기 17코, (겉뜨기로 2코 모아뜨기, 겉뜨기 16코) × 5회 반복, 겉뜨기로 2코 모아뜨기. (103코)

12 겉뜨기 1단

13 **6개월 사이즈 줄이기:** 겉뜨기 14코, (겉뜨기로 2코 모아뜨기, 겉뜨기 13코) × 5회 반복, 겉뜨기로 2코 모아뜨기. (85코)
  12개월 사이즈 줄이기: 겉뜨기 16코, (겉뜨기로 2코 모아뜨기, 겉뜨기 15코) × 5회 반복, 겉뜨기로 2코 모아뜨기. (97코)

14 겉뜨기 1단

15 과정 11, 13에 파란색으로 표시된 코를 한 단에 1코씩 줄이며 뜬다. 한 단은 줄이고, 한 단은 줄이지 않으며 매단 반복하여
  뜬다.

16 두 사이즈 모두 13코가 남을 때까지 반복한다.

17 실을 20cm 정도 남기고 자른 후, 돗바늘에 꿴다. 남아있는 코에 실을 2~3번 통과시켜 꽉 잡아당겨 조인다.

18 돗바늘을 이용해 안쪽에서 실을 마무리한다.

아이코드 만들기

1 3mm 장갑바늘로 4코를 잡고, 35cm 길이의 아이코드를 두 개 만든다.

2 모자 양쪽 옆에 돗바늘로 꿰매 단 후, 착용 시 리본으로 묶는다.

TIP 단의 시작을 표시하는 표시링이 빠지지 않도록 주의하며 뜹니다.

• 검은색 표기: **12개월**
• 파란색 표기: **6개월**

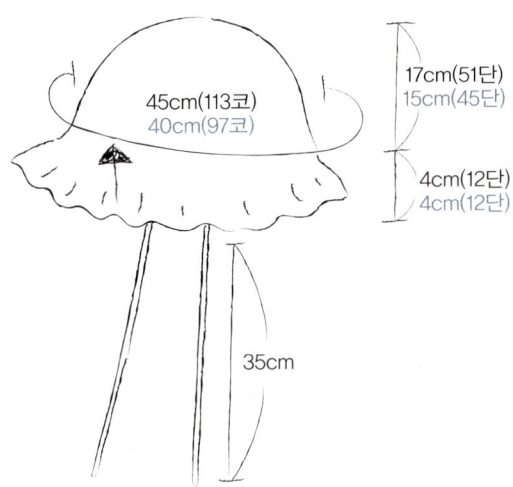

02 베이직 롬퍼(a)

완성 사이즈 6(12)개월

실 오가닉 면 25g 4(4)볼

바늘 줄대바늘 2.5mm, 3mm

부재료 돗바늘, 15mm 단추 2개, 12mm 단추 2개, 여분의 실

게이지 24코 × 30단 3mm 메리야스뜨기, 23코 × 50단 2.5mm 가터뜨기

도구와 기법 73~111쪽 참조

P. 12-15

How To Make

뒤판

1 여분의 실로 3mm 줄대바늘에 78(82)코를 잡는다.

2 이제 본래의 실로 시작한다. 도안을 참고하여 양쪽 끝 1코 사이를 줄이며 겉뜨기 단으로 시작,
   총 46(60)단을 메리야스뜨기로 진행한다.

3 이제 2.5mm 줄대바늘로 바꿔 겉뜨기만으로 가터뜨기 18(20)단을 뜬다.

4 양쪽 진동과 목둘레를 도안을 참고하여 줄인 후 코막음한다.

5 편물 시작 부분으로 돌아가 45(45)코가 중앙에 오도록 3mm 줄대바늘로 뒷면에서 코를 줍는다.

6 새로 실을 연결한다. 도안을 참고하여 양쪽 코를 줄이며 겉뜨기 단부터 메리야스뜨기로 28(28)단을 뜬다.

7 나머지 13코를 1코 고무뜨기로 6단 진행하고 코막음한다. 이때 양쪽 끝은 겉뜨기 2코가 되도록 한다.

앞판

1 여분의 실로 3mm 줄대바늘에 78(82)코를 잡는다.

2 이제 본래의 실로 시작한다. 도안을 참고하여 양쪽 끝 1코 사이를 줄이며 겉뜨기 단으로 시작,
   총 46(60)단을 메리야스뜨기로 진행한다.

3 이제 2.5mm 줄대바늘로 바꿔 겉뜨기으로 해서 가터뜨기 18(20)단을 뜬다.

4 도안을 참고해서 양쪽 진동과 목둘레를 도안을 참고하여 줄인 후 코막음한다.
   단춧구멍도 잊지 않는다.

5 편물 시작 부분으로 돌아가 21(21)코가 중앙에 오도록 3mm 줄대바늘로 뒷면에서 코를 줍는다.

6 새로 실을 연결한다. 도안을 참고하여 양쪽 코를 줄이며 겉뜨기 단부터 메리야스뜨기로 18(18)단을 뜬다.

7 나머지 13코를 1코 고무뜨기로 2단 진행한다. 이때 양쪽 끝은 겉뜨기 2코가 되도록 한다.

8 세 번째 단은 도안을 참고하여 단춧구멍을 만든다.
   3단 더 고무뜨기를 진행하고 코막음한다.

연결하기

1 앞판과 뒤판을 서로 겉면이 바깥으로 나오게 포갠 후, 돗바늘로 옆선을 꿰맨다.

2 뒤판 양쪽 어깨 부분에 15mm 단추를 단다.

다리 밴드 부분

1 2.5mm 줄대바늘을 이용하여 다리 부분의 코를 홀수로 줍는다.

   이때 줄대바늘에 1코 만들고 시작하며, 끝나고 나서 감아코로 1코 만들어준다.

2 다리 부분 사선에서는 세 단에 2코씩 잡고, 여분의 실로 코를 잡았던 부분은 메인 실의 코를 그대로 끌어올린다.

3 1코 고무뜨기로 7단 뜬다. 이때 시작과 끝코는 겉면에서 겉뜨기 1코가 되도록 한다.

4 코막음하여 마무리한다.

5 12mm 단추를 단 후, 처음 코를 잡았던 여분의 실을 모두 잘라낸다.

어깨 단추

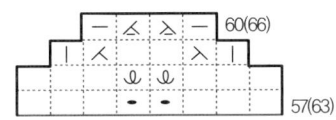

=	I	= 겉뜨기
= 안뜨기
= 오른코 줄이기
= 감아코 만들기
= 코막음
= 겉뜨기로 2코 모아뜨기
O = 바늘비우기
= 오른코 줄이기(안뜨기 단)
= 안뜨기로 2코 모아뜨기(안뜨기 단)

단춧구멍

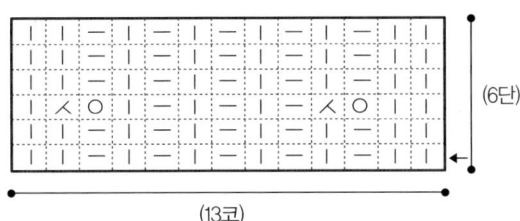

※ 6개월, 12개월 공통

뒤판

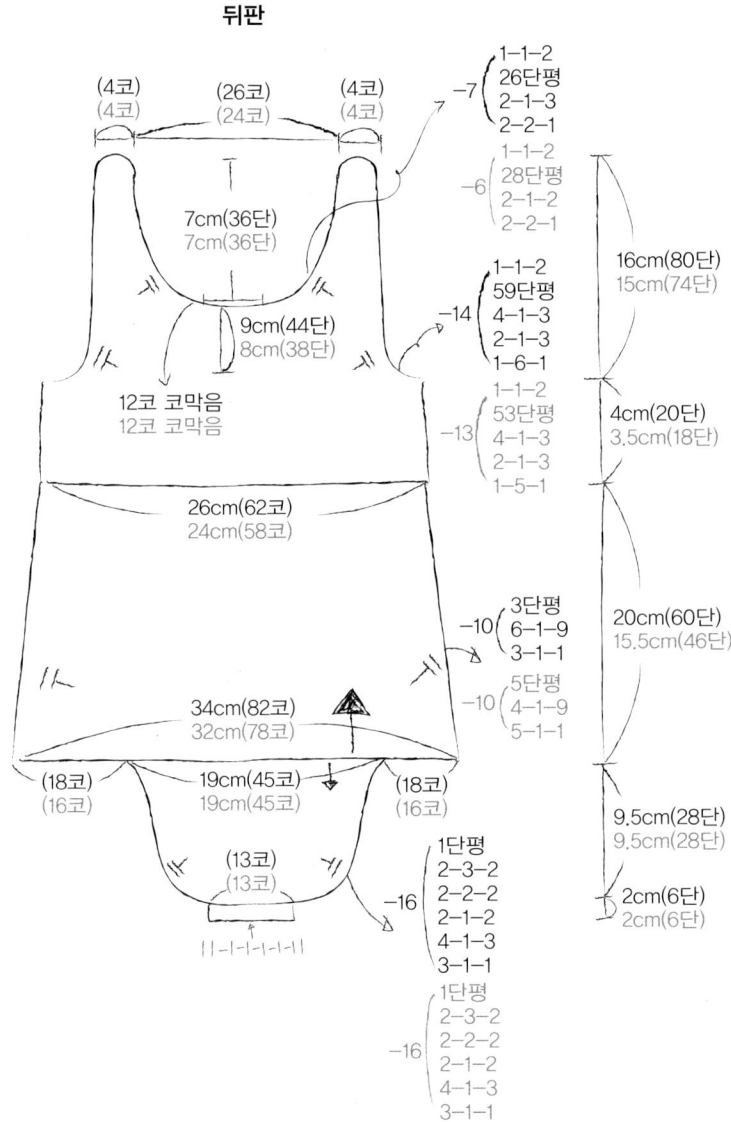

(4코) (26코) (4코)
(4코) (24코) (4코)

-7
1-1-2
26단평
2-1-3
2-2-1

-6
1-1-2
28단평
2-1-2
2-2-1

16cm(80단)
15cm(74단)

7cm(36단)
7cm(36단)

-14
1-1-2
59단평
4-1-3
2-1-3
1-6-1

9cm(44단)
8cm(38단)

-13
1-1-2
53단평
4-1-3
2-1-3
1-5-1

4cm(20단)
3.5cm(18단)

12코 코막음
12코 코막음

26cm(62코)
24cm(58코)

-10
3단평
6-1-9
3-1-1

-10
5단평
4-1-9
5-1-1

20cm(60단)
15.5cm(46단)

34cm(82코)
32cm(78코)

(18코) 19cm(45코) (18코)
(16코) 19cm(45코) (16코)

9.5cm(28단)
9.5cm(28단)

(13코)
(13코)

-16
1단평
2-3-2
2-2-2
2-1-2
4-1-3
3-1-1

2cm(6단)
2cm(6단)

-16
1단평
2-3-2
2-2-2
2-1-2
4-1-3
3-1-1

앞판

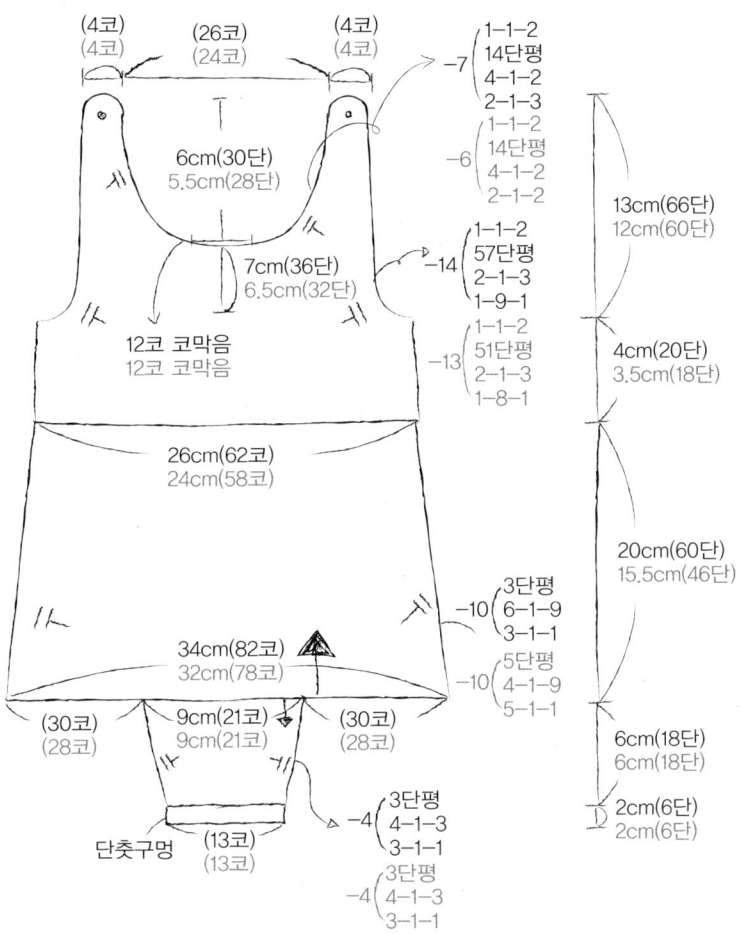

(4코)
(4코)

(26코)
(24코)

(4코)
(4코)

6cm(30단)
5.5cm(28단)

-7 ⎰ 1-1-2
⎱ 14단평
4-1-2
2-1-3

-6 ⎰ 1-1-2
⎱ 14단평
4-1-2
2-1-2

13cm(66단)
12cm(60단)

7cm(36단)
6.5cm(32단)

-14 ⎰ 1-1-2
⎱ 57단평
2-1-3
1-9-1

-13 ⎰ 1-1-2
⎱ 51단평
2-1-3
1-8-1

4cm(20단)
3.5cm(18단)

12코 코막음
12코 코막음

26cm(62코)
24cm(58코)

20cm(60단)
15.5cm(46단)

34cm(82코)
32cm(78코)

-10 ⎰ 3단평
⎱ 6-1-9
3-1-1

-10 ⎰ 5단평
⎱ 4-1-9
5-1-1

6cm(18단)
6cm(18단)

(30코)
(28코)

9cm(21코)
9cm(21코)

(30코)
(28코)

2cm(6단)
2cm(6단)

단춧구멍

(13코)
(13코)

-4 ⎰ 3단평
⎱ 4-1-3
3-1-1

-4 ⎰ 3단평
⎱ 4-1-3
3-1-1

02 보닛(b)

완성 사이즈 6(12)개월

실 오가닉 면 25g 2(2)볼

바늘 줄대바늘 2.5mm, 3mm

부재료 돗바늘, 18mm 단추 1개

게이지 24코 × 30단 메리야스뜨기

도구와 기법 73~111쪽 참조

p. 12-15

How To Make

뒤통수 부분

1 3mm 줄바늘로 시작코 14(18)코를 만든다.

2 도안을 참고하여 양쪽 끝 1코 사이를 늘리고 줄이며 40(46)단 진행한다.

3 남은 6(10)코를 코막음한다.

앞면

1 뒤통수 부분 오른쪽 아랫부분부터 가장자리를 둘러가며 3mm 줄대바늘로 코를 줍는다.

세로는 한 단에 1코, 가로는 그대로 1코에 1코를 주워 총 84(100)코 줍는다.

2 안뜨기부터 시작해서 메리야스뜨기로 총 26(30)단 진행한다.

(코를 주운 단을 1단으로 센다.)

3 겉뜨기만 18단 진행한 후, 가터뜨기하고 모두 코막음한다.

목 밴드 부분

1 보닛의 왼쪽 아랫부분부터 2.5mm 줄대바늘로 코를 줍는다. 이때 메리야스 세로 단 부분에서는

세 단에 2코 잡고, 가로 코 부분에서는 1코에 1코를 잡는다. 가터뜨기 부분에서는 네 단에 2코를 잡는다.

2 감아코로 30코 더 잡는다.

3 겉뜨기로만 6(6)단 진행하고 단춧구멍을 만든다.

단춧구멍 만들기

⌈ 겉뜨기 3코, 2코 코막음, 끝까지 겉뜨기.

⌊ 코 남을 때까지 겉뜨기, 감아코로 2코 만들기, 겉뜨기 3코.

4 겉뜨기로만 6(6)단 더 진행하고 코막음한다.

5 단추를 달아 마무리한다.

- 검은색 표기: **12개월**
- 파란색 표기: **6개월**

옆면

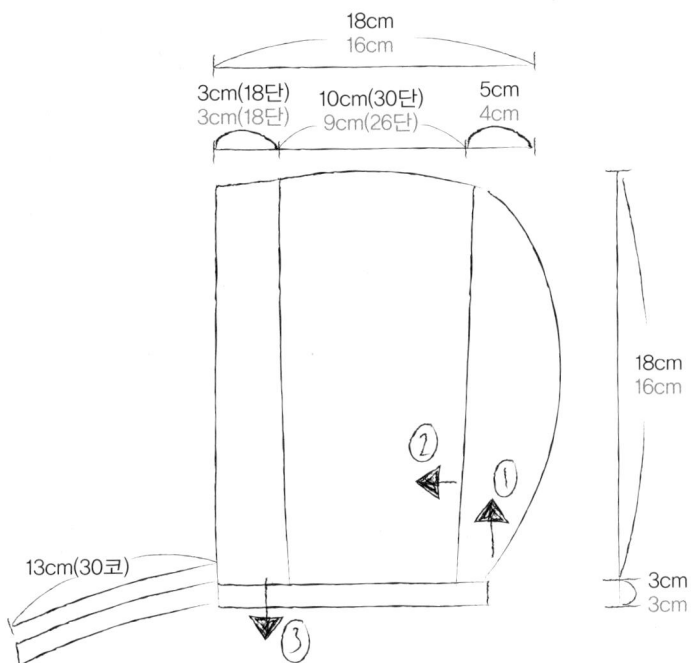

18cm
16cm

3cm(18단)　10cm(30단)　5cm
3cm(18단)　9cm(26단)　4cm

18cm
16cm

3cm
3cm

13cm(30코)

뒤통수

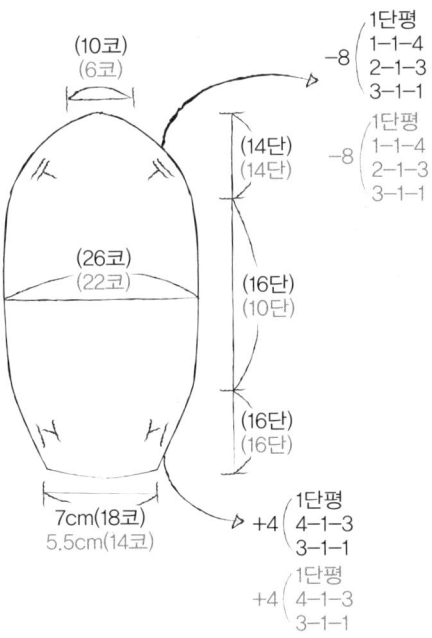

(10코)
(6코)

-8 　1단평
　　1-1-4
　　2-1-3
　　3-1-1

(14단)
(14단)

-8 　1단평
　　1-1-4
　　2-1-3
　　3-1-1

(26코)
(22코)

(16단)
(10단)

(16단)
(16단)

7cm(18코)
5.5cm(14코)

+4 　1단평
　　4-1-3
　　3-1-1

+4 　1단평
　　4-1-3
　　3-1-1

123

03 폼폼 아기 덧신

완성 사이 3~6개월

실 울 50g 1볼

바늘 대바늘 4mm

부재료 돗바늘, 폼폼 1쌍

게이지 20코 × 40단, 가터뜨기

도구와 기법 73~111쪽 참조

p. 16-17

How To Make

1. 4mm 대바늘로 24코를 잡는다.

2. 겉뜨기 1단

3. 겉뜨기 1코, 1코 만들기, 겉뜨기 10코, 1코 만들기, 겉뜨기 2코, 1코 만들기, 겉뜨기 10코, 1코 만들기, 겉뜨기 1코. (28코)

4. 겉뜨기 1단

5. 겉뜨기 2코, 1코 만들기, 겉뜨기 10코, 1코 만들기, 겉뜨기 4코, 1코 만들기, 겉뜨기 10코, 1코 만들기, 겉뜨기 2코. (32코)

6. 겉뜨기 1단

7. 겉뜨기 3코, 1코 만들기, 겉뜨기 10코, 1코 만들기, 겉뜨기 6코, 1코 만들기, 겉뜨기 10코, 1코 만들기, 겉뜨기 3코. (36코)

8. 겉뜨기 1단

9. 겉뜨기 4코, 1코 만들기, 겉뜨기 10코, 1코 만들기, 겉뜨기 8코, 1코 만들기, 겉뜨기 10코, 1코 만들기, 겉뜨기 4코. (40코)

10. 겉뜨기 5단.

11. 겉뜨기 15코, 겉뜨기로 2코 모아뜨기, 겉뜨기 6코, 겉뜨기로 2코 모아뜨기, 겉뜨기 15코. (38코)

12. 겉뜨기 1단

13. 겉뜨기 15코, 겉뜨기로 2코 모아뜨기, 겉뜨기 4코, 겉뜨기로 2코 모아뜨기, 겉뜨기 15코. (36코)

14. 겉뜨기 1단

15. 겉뜨기 1코, 겉뜨기로 2코 모아뜨기, 겉뜨기 12코, 겉뜨기로 2코 모아뜨기, 겉뜨기 2코, 겉뜨기로 2코 모아뜨기, 겉뜨기 12코, 겉뜨기로 2코 모아뜨기, 겉뜨기 1코. (32코)

16. 겉뜨기 1단

17. 겉뜨기 10코, (겉뜨기로 2코 모아뜨기 × 6번 반복), 겉뜨기 10코. (26코)

18. 모든 코를 코막음한 후, 실 끝을 30cm 남기고 자른다.

19. 돗바늘을 이용해 발뒤꿈치에서부터 발바닥까지 꿰매며 이어준다.

20. 발등 부분에 폼폼을 달아 완성한다.

TIP 1코 만들기는 코와 코 사이 가로줄을 걸어 뜨는 방법으로 진행한다.

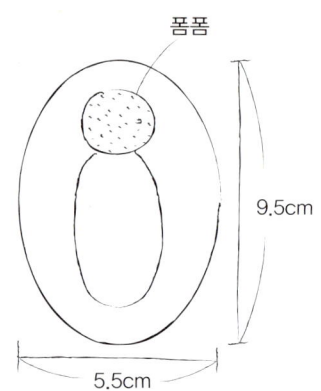

폼폼

9.5cm

5.5cm

04 골지 양말

완성 사이즈 3~6개월

실 베이비 알파카 50g 1볼

바늘 장갑바늘 2.5mm 4개

부재료 돗바늘

게이지 28코 × 35단 메리야스뜨기

도구와 기법 73~111쪽 참조

p. 18-19

How To Make

1. 3개의 장갑바늘에 각 16코씩 잡아 겉뜨기 2코, 안뜨기 2코를 반복하며 원형뜨기로 총 32단 진행한다.

2. 계속해서 같은 방향, 같은 스티치로 7코 더 진행 후 되돌아뜨기한다.

3. 편물을 돌려 안쪽 방향이 보이도록 한다.
   이제는 발꿈치 부분만 왔다갔다 하면서 뜰 준비를 한다. 안뜨기 16코, 되돌아뜨기

4. 편물을 돌려서 겉뜨기 15코, 되돌아뜨기.

5. 편물을 돌려서 안뜨기 14코, 되돌아뜨기.

6. 편물을 돌려서 겉뜨기 13코, 되돌아뜨기.

7. 편물을 돌려서 안뜨기 12코, 되돌아뜨기.

8. 편물을 돌려서 겉뜨기 11코, 되돌아뜨기.

9. 편물을 돌려서 안뜨기 10코, 되돌아뜨기.

10. 편물을 돌려서 겉뜨기 9코, 되돌아뜨기.

11. 편물을 돌려서 안뜨기 8코, 되돌아뜨기.

12. 편물을 돌려서 겉뜨기 7코, 되돌아뜨기.

13. 편물을 돌려서 안뜨기 6코, 되돌아뜨기.

14. 편물을 돌려서 겉뜨기 6코, 되돌아뜨기 부분 끌어올려 같이 겉뜨기, 다시 되돌아뜨기.

15. 편물을 돌려서 안뜨기 7코, 되돌아뜨기 부분 끌어올려 같이 안뜨기, 다시 되돌아뜨기.

16. 편물을 돌려서 겉뜨기 8코, 되돌아뜨기 부분 끌어올려 같이 겉뜨기, 다시 되돌아뜨기.

17. 편물을 돌려서 안뜨기 9코, 되돌아뜨기 부분 끌어올려 같이 안뜨기, 다시 되돌아뜨기.

18. 편물을 돌려서 겉뜨기 10코, 되돌아뜨기 부분 끌어올려 같이 겉뜨기, 다시 되돌아뜨기.

19. 편물을 돌려서 안뜨기 11코, 되돌아뜨기 부분 끌어올려 같이 안뜨기, 다시 되돌아뜨기.

20. 편물을 돌려서 겉뜨기 12코, 되돌아뜨기 부분 끌어올려 같이 겉뜨기, 다시 되돌아뜨기.

21. 편물을 돌려서 안뜨기 13코, 되돌아뜨기 부분 끌어올려 같이 안뜨기, 다시 되돌아뜨기.

22. 편물을 돌려서 겉뜨기 14코, 되돌아뜨기 부분 끌어올려 같이 겉뜨기, 다시 되돌아뜨기.

23. 편물을 돌려서 안뜨기 15코, 되돌아뜨기 부분 끌어올려 같이 안뜨기, 다시 되돌아뜨기.

24. 편물을 돌려서 겉뜨기 16코, 되돌아뜨기 부분 끌어올려 같이 겉뜨기, 이제 다시 원형 뜨기로 들어간다.

25. 발바닥 부분은 겉뜨기만 해서 메리야스뜨기로, 발등 부분은 고무뜨기를 유지하며 16단 진행한다.
    (이때 시작점의 기준은 오른쪽에서 안뜨기 2코로 고무뜨기가 시작되는 곳으로 한다.)

26 쉽게 진행하기 위해 바늘에 걸린 코를 옮겨준다. 시작점을 기준으로 12코(발등 부분), 14코(발등 부분), 22코(발바닥 부분)가 되게 한다.

27 26코였던 발등 부분을 발바닥 부분과 동일한 22코로 만든다.

겉뜨기 3코, 겉뜨기로 2코 모아뜨기, (겉뜨기 4코, 겉뜨기로 2코 모아뜨기) × 3회, 겉뜨기 3코. (발등 부분 22코/총 44코)

28 같은 방향으로 원형뜨기를 진행하며 발바닥 부분을 뜨면, 오른쪽 시작점까지 오게 된다.

29 겉뜨기 1단

30 이제 발가락 부분 코 줄이기를 한다.

겉뜨기 1코, 오른코 줄이기, 겉뜨기 16코, 겉뜨기로 2코 모아뜨기, 겉뜨기 1코, 겉뜨기 1코, 오른코 줄이기, 겉뜨기 16코, 겉뜨기로 2코 모아뜨기, 겉뜨기 1코. (40코)

31 겉뜨기 1단

32 겉뜨기 1코, 오른코 줄이기, 겉뜨기 14코, 겉뜨기로 2코 모아뜨기, 겉뜨기 1코, 겉뜨기 1코, 오른코 줄이기, 겉뜨기 14코, 겉뜨기로 2코 모아뜨기, 겉뜨기 1코. (36코)

33 겉뜨기 1단

34 겉뜨기 1코, 오른코 줄이기, 겉뜨기 12코, 겉뜨기로 2코 모아뜨기, 겉뜨기 1코, 겉뜨기 1코, 오른코 줄이기, 겉뜨기 12코, 겉뜨기로 2코 모아뜨기, 겉뜨기 1코. (32코)

35 겉뜨기 1단

36 겉뜨기 1코, 오른코 줄이기, 겉뜨기 10코, 겉뜨기로 2코 모아뜨기, 겉뜨기 1코, 겉뜨기 1코, 오른코 줄이기, 겉뜨기 10코, 겉뜨기로 2코 모아뜨기, 겉뜨기 1코. (28코)

37 겉뜨기 1단

38 겉뜨기 1코, 오른코 줄이기, 겉뜨기 8코, 겉뜨기로 2코 모아뜨기, 겉뜨기 1코, 겉뜨기 1코, 오른코 줄이기, 겉뜨기 8코, 겉뜨기로 2코 모아뜨기, 겉뜨기 1코. (24코)

39 바늘 2개에 발등과 발바닥 부분을 12코씩 나눠놓는다.

40 1단 겉뜨기한 후, 돗바늘을 이용해 메리야스 잇기로 마무리한다.

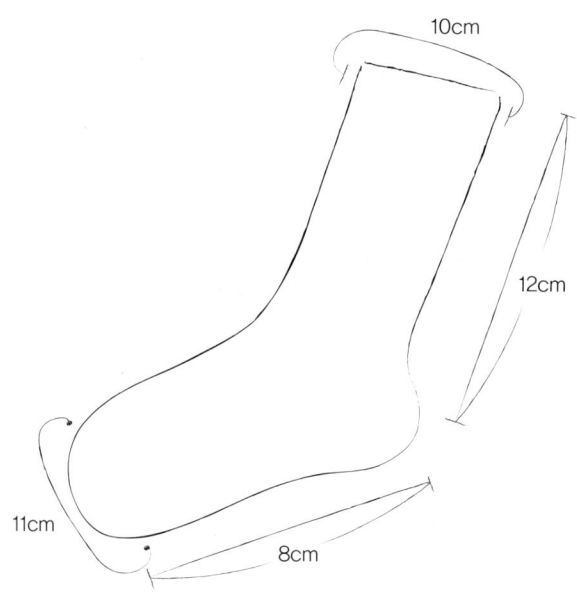

브이넥 카디건(a)

완성 사이즈 12(24)개월

실 오가닉 면 25g 4(5)볼

바늘 줄대바늘 2.5mm, 3mm

부재료 돗바늘, 단추 15mm 3개

게이지 25코 × 29단 메리야스뜨기

도구와 기법 73~111쪽 참조

p. 20-25

How To Make

뒤판

1 2.5mm 줄대바늘로 68(74)코를 잡아 겉뜨기로만 6(6)단 뜬다.

2 3mm 줄대바늘로 겉뜨기 단부터 시작해서 메리야스뜨기로 46(52)단 진행한다.

3 도안을 참고하여 양쪽 진동을 줄이며 30(34)단을 메리야스뜨기로 진행한다.

4 나머지 28(30)코를 코막음한다.

왼쪽 앞판

1 2.5mm 줄대바늘로 36(40)코를 잡아 겉뜨기로만 6(6)단 한다.

2 3mm 줄대바늘로 겉뜨기 단부터 시작해서 메리야스뜨기로 46(52)단 진행한다.

3 도안을 참고하여 양쪽을 줄이며 30(34)단을 메리야스뜨기로 진행한다.

4 나머지 2(2)코를 코막음한다.

* 대칭이 되도록 오른쪽 앞판을 한 장 더 뜬다.

소매

1 2.5mm 줄대바늘로 42(48)코를 잡아 겉뜨기로만 6(6)단 한다.

2 3mm 줄대바늘로 겉뜨기 단부터 시작해 메리야스뜨기로 44(50)단 진행하는데, 도안을 참고하여 양쪽을 늘린다.

3 도안을 참고하여 양쪽을 줄이며 30(34)단을 메리야스뜨기로 진행한다.

4 나머지 16(20)코를 코막음한다.

* 대칭이 되도록 한 장 더 뜬다.

연결하기

1 겉면이 밖으로 오도록 앞판과 뒤판을 겹친 후, 돗바늘로 옆선을 이어준다.

2 소매를 겉면이 밖으로 오도록 세로로 접은 후, 돗바늘로 옆선을 꿰맨다.

3 앞판과 뒤판, 소매를 돗바늘로 이어준다.

앞단 줍기

1. 2.5mm 줄대바늘로 오른쪽 앞판 아래부터 코를 주우며 왼쪽 앞판까지 간다.

   시작할 때 대바늘에 1코 먼저 만들고, 끝나고 나서도 감아코로 1코 만든다.

   세로 방향 메리야스뜨기 부분은 한 단에 1코, 가로 방향 1코에 1코 가터뜨기 부분은

   두 단에 1코를 주우면 전체 콧수는 186(200)코가 된다.

2. 겉뜨기로만 2단을 뜬다.

3. 세 번째 단에서 단춧구멍을 만든다. 겉뜨기 4(4)코, 실 앞으로 가져와서 겉뜨기로 2코 모아뜨기,

   (겉뜨기 22(25)코, 실 앞으로 가져와서 겉뜨기로 2코 모아뜨기) × 총 2회 반복, 끝까지 겉뜨기.

4. 겉뜨기로만 3단 더 뜨고 코막음한다.

5. 단추를 달아 마무리한다.

- 검은색 표기: **24개월**
- 파란색 표기: **12개월**

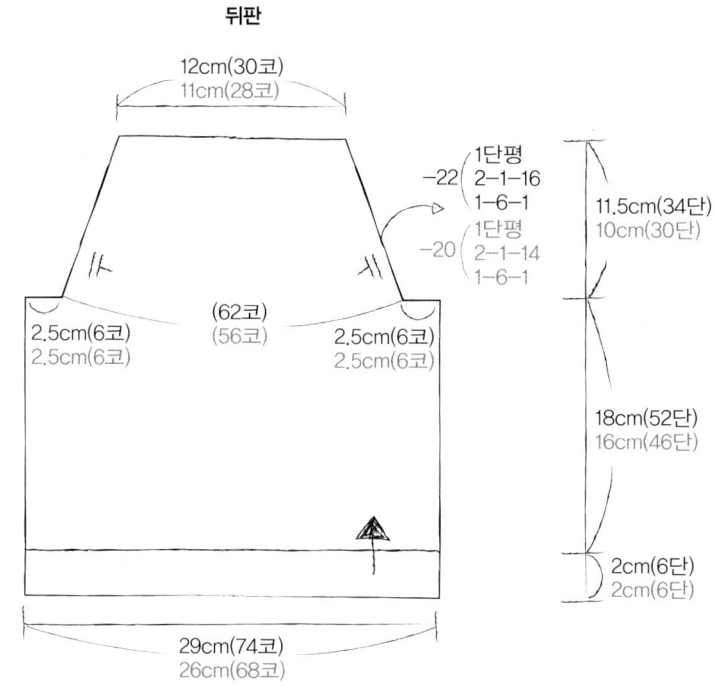

뒤판

앞판
(대칭이 되도록 한 장 더 뜬다)

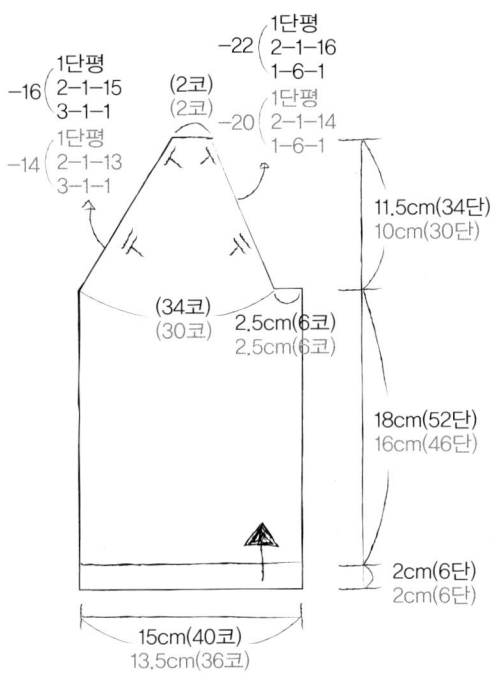

-16 ⎧ 1단평
    ⎨ 2-1-15
    ⎩ 3-1-1

-14 ⎧ 1단평
    ⎨ 2-1-13
    ⎩ 3-1-1

(2코)
(2코)

-22 ⎧ 1단평
    ⎨ 2-1-16
    ⎩ 1-6-1

-20 ⎧ 1단평
    ⎨ 2-1-14
    ⎩ 1-6-1

11.5cm(34단)
10cm(30단)

(34코)
(30코)

2.5cm(6코)
2.5cm(6코)

18cm(52단)
16cm(46단)

2cm(6단)
2cm(6단)

15cm(40코)
13.5cm(36코)

소매
(대칭이 되도록 한 장 더 뜬다)

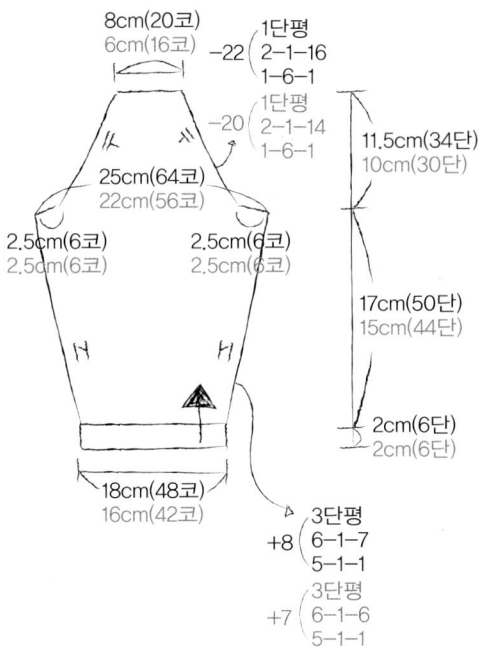

8cm(20코)
6cm(16코)

-22 ⎧ 1단평
    ⎨ 2-1-16
    ⎩ 1-6-1

-20 ⎧ 1단평
    ⎨ 2-1-14
    ⎩ 1-6-1

11.5cm(34단)
10cm(30단)

25cm(64코)
22cm(56코)

2.5cm(6코)
2.5cm(6코)

2.5cm(6코)
2.5cm(6코)

17cm(50단)
15cm(44단)

2cm(6단)
2cm(6단)

18cm(48코)
16cm(42코)

+8 ⎧ 3단평
   ⎨ 6-1-7
   ⎩ 5-1-1

+7 ⎧ 3단평
   ⎨ 6-1-6
   ⎩ 5-1-1

05 버킷 모자(b)

완성 사이즈 Free size(12~24개월)

실 오가닉 면 25g 3볼, 울실 50g 3볼

바늘 모사용 코바늘 4호, 장갑바늘 3mm 2개

부재료 돗바늘, 표시링

게이지 25코 × 25단 짧은뜨기

도구와 기법 73~111쪽 참조

p. 20-23   p. 48-51

How To Make

1 코바늘을 이용해 빼뜨기 없는 원형뜨기 방식으로 진행한다. 6코부터 시작하는데, 시작코에 표시링을 건다.

2 (1코에 짧은뜨기 2코) × 6회. (12코)

* 한 단을 진행할 때마다 시작코에 표시링을 옮기는 걸 잊지 않는다.

3 (짧은뜨기 1코, 1코에 짧은뜨기 2코) × 6회. (18코)

4 (짧은뜨기 2코, 1코에 짧은뜨기 2코) × 6회. (24코)

5 (짧은뜨기 3코, 1코에 짧은뜨기 2코) × 6회. (30코)

6 1코에 짧은뜨기 2코 사이의 코를 1코씩 늘리며 아래와 같아질 때까지 진행한다.

    (짧은뜨기 17코, 1코에 짧은뜨기 2코) × 6회. (114코)

7 1코에 하나씩 짧은뜨기 1단. (114코)

8 (짧은뜨기 18코, 1코에 짧은뜨기 2코) × 6회. (120코)

9 1코에 하나씩 짧은뜨기 2단. (120코)

10 (짧은뜨기 19코, 1코에 짧은뜨기 2코) × 6회. (126코)

11 1코에 하나씩 짧은뜨기 3단. (126코)

12 (짧은뜨기 20코, 1코에 짧은뜨기 2코) × 6회. (132코)

13 1코에 하나씩 짧은뜨기 3단. (132코)

14 (짧은뜨기 21코, 1코에 짧은뜨기 2코) × 6회. (138코)

15 1코에 하나씩 짧은뜨기 3단. (138코)

16 (짧은뜨기 22코, 1코에 짧은뜨기 2코) × 6회. (144코)

17 1코에 하나씩 짧은뜨기 3단. (144코)

18 (짧은뜨기 11코, 1코에 짧은뜨기 2코) × 12회. (156코)

19 1코에 하나씩 짧은뜨기 1단. (156코)

20 위의 18번(늘리는 단)과 19번(안 늘리는 단)이 세트로 반복한다. 늘릴 때는 1코에 짧은뜨기 2코 사이의 코가 하나씩 늘어난다.
    늘리는 코 사이가 15코 될 때까지 뜬다.

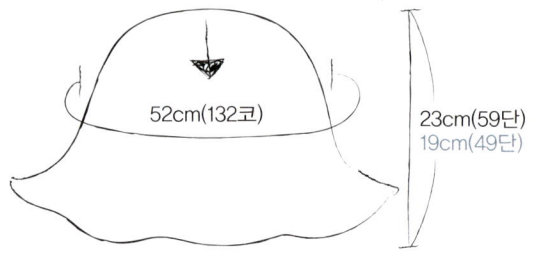

52cm(132코)   23cm(59단)
                     19cm(49단)

* 챙 넓은 버킷 모자(와인색, p.48~49)

1 버킷 모자 1~20번까지 작업 후 늘리는 코 사이가 20코가 될 때까지 뜬다.

2 챙의 마무리는 마지막 한 단을 되돌아 짧은뜨기를 한다.

3 3mm 장갑바늘로 아이코드 끈을 약 60cm 떠서 모자에 둘러준다.

06 래글런 스웨터(a)

완성 사이즈 12(24)개월

실 울 파란색 50g 2(3)볼, 베이지색 50g 2(2)볼

바늘 줄대바늘 4mm, 4.5mm

부재료 돗바늘, 단추 15mm 1개

게이지 19코 × 25단 메리야스뜨기

도구와 기법 73~111쪽 참조

p. 26-29

How To Make

뒤판

1. 파란색 실을 이용하여 4.5mm 줄대바늘로 52(58)코를 잡는다.

    1코 고무뜨기 8(8)단을 뜬다. 이때 시작은 겉뜨기 2코로 한다.

2. 베이지색 실을 새로 연결한다.

    겉뜨기 단부터 시작해서 메리야스뜨기로 38(42)단을 뜬다.

3. 도안을 참고하여 양쪽을 줄이며 18(22)단을 메리야스뜨기로 진행한다.

4. 단추 트임을 위해 왼쪽 오른쪽 반씩 나누어서 진행한다. 대바늘에 걸려있는 코의 반까지만 겉뜨기를 한다.

5. 편물을 돌려서 안뜨기로 돌아온다. 이렇게 오른쪽 부분만 8(8)단 더 진행한다.

    동시에 도안대로 가장자리에 1코를 줄이는 것도 잊지 않는다.

6. 한쪽 대바늘에 걸린 11(12)코를 코막음한다.

7. 반대쪽을 진행한다. 가운데서 실을 새로 연결해 오른쪽과 대칭으로 작업한다.

8. 대바늘에 걸린 11(12)코를 코막음한다.

앞판

1. 파란색 실을 이용하여 4.5mm 줄대바늘로 52(58)코를 잡는다.

    1코 고무뜨기 8(8)단을 뜬다. 이때 시작은 겉뜨기 2코로 한다.

2. 베이지색 실을 새로 연결한다.

    겉뜨기 단부터 시작해서 메리야스뜨기로 38(42)단을 뜬다.

3. 도안대로 양쪽 진동과 목둘레를 줄이며, 22(26)단을 메리야스뜨기로 진행한다.

4. 나머지 2코를 코막음한다.

소매

1 파란색 실을 이용하여 4.5mm 줄대바늘로 32(38)코를 잡는다.

   1코 고무뜨기 8(8)단을 뜬다. 이때 시작은 겉뜨기 2코로 한다.

2 도안을 참고하여 양쪽 끝 1코 사이를 늘리며, 겉뜨기 단부터 메리야스뜨기 38(42)단을 뜬다.

3 도안을 참고하여 양쪽 끝 1코 사이를 줄이며, 메리야스뜨기로 28(32)단을 진행한다.

4 대바늘에 남은 2(2)코를 코막음하고 실을 자른다.

* 대칭이 되도록 한 장 더 뜬다.

단추단

뒤판 가운데 갈라진 부분에서 코를 주워 단추단을 만든다.

1 파란색 실을 이용해 10단에서 12코를 잡는다.

   처음 시작할 때 1코를 바늘에 묶고 시작해서, 한 단에 1코씩 잡고 마지막에 감아코로 1코를 더 만들면 된다.

2 1코 고무뜨기로 5단 뜨고 코막음한다. 이때 아랫부분이 겉면에서 겉뜨기 1코가 되도록 한다.

3 반대쪽도 똑같이 진행한다.

4 왼쪽이 위로 오도록 양쪽 고무뜨기 단을 겹쳐놓고, 아래 끝부분을 고정시켜 돗바늘로 꿰맨다.

연결하기

1 겉면이 바깥으로 오도록 앞판과 뒤판을 포갠 후, 옆면을 돗바늘로 연결한다.

2 겉면이 바깥으로 오도록 소매를 반 접고, 돗바늘로 옆선을 꿰맨 후 몸통과 연결한다.

목단 줍기

1 4mm 줄대바늘을 이용해 왼쪽 단추단에서부터 오른쪽 단추단까지 홀수로 코를 줍는다.

   이때 시작 전 1코를 먼저 대바늘에 잡고, 코를 다 잡은 후 감아코로 1코를 추가로 만든다.

   안뜨기부터 시작해 1코 고무뜨기로 1단 뜬다.

2 두 번째 단에서 단춧구멍을 만든다. 고무뜨기 무늬대로 3코를 뜨고,

   실을 앞으로 가져와서 2코를 같이 겉뜨기한다. 이어서 고무뜨기를 끝까지 진행한다.

3 고무뜨기 3단을 더 진행 후 전체를 돗바늘로 코막음한다.

4 단추를 달아 마무리한다.

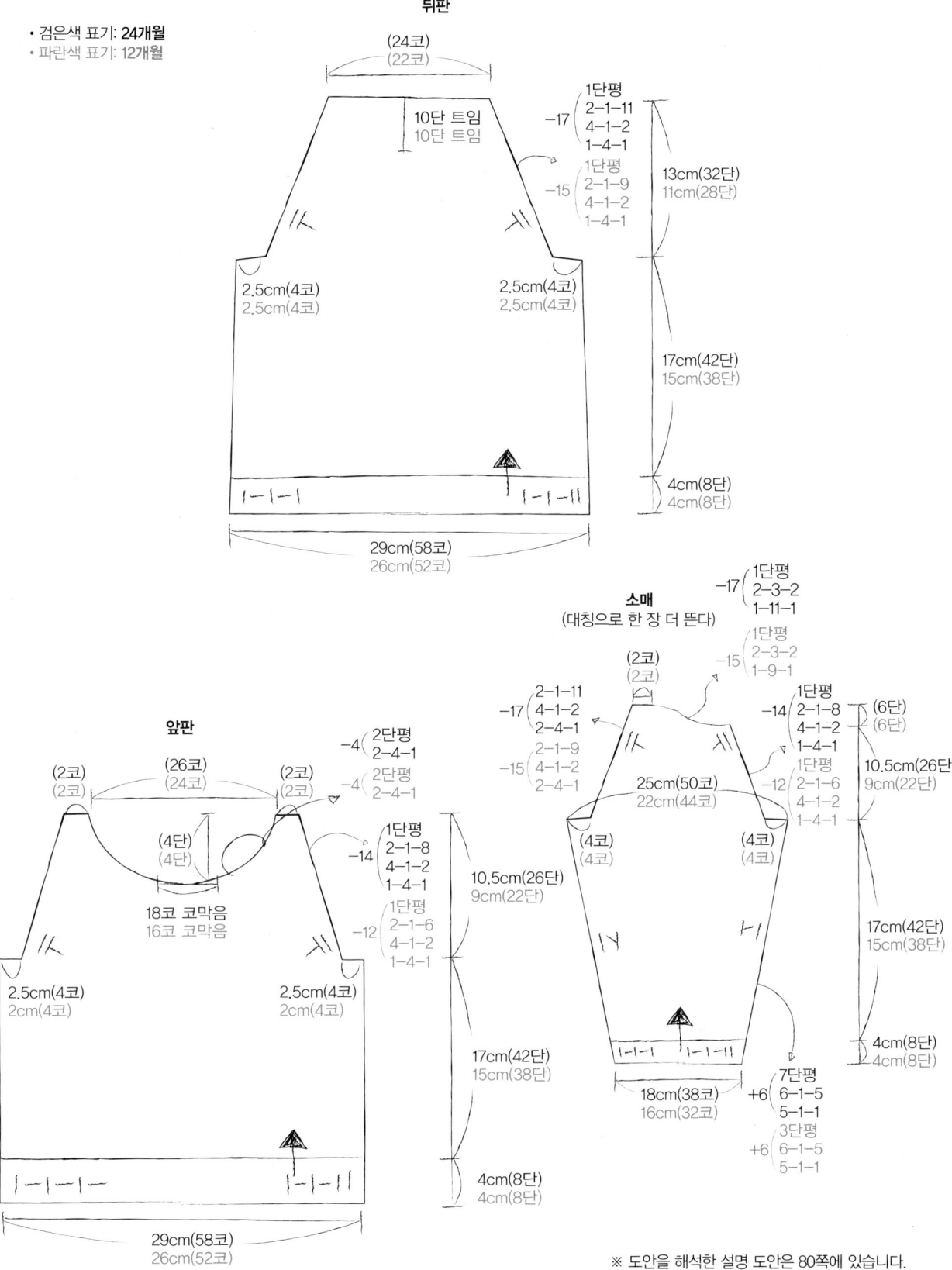

- 검은색 표기: **24개월**
- 파란색 표기: 12개월

뒤판

(24코)
(22코)

10단 트임
10단 트임

−17 (1단평
2−1−11
4−1−2
1−4−1

−15 (1단평
2−1−9
4−1−2
1−4−1

13cm(32단)
11cm(28단)

2.5cm(4코)
2.5cm(4코)

2.5cm(4코)
2.5cm(4코)

17cm(42단)
15cm(38단)

4cm(8단)
4cm(8단)

I−I−I−I

I−I−I−II

29cm(58코)
26cm(52코)

앞판

(2코)
(2코)

(26코)
(24코)

(2코)
(2코)

−4 (2단평
2−4−1

−4 (2단평
2−4−1

(4단)
(4단)

−14 (1단평
2−1−8
4−1−2
1−4−1

−12 (1단평
2−1−6
4−1−2
1−4−1

18코 코막음
16코 코막음

2.5cm(4코)
2cm(4코)

2.5cm(4코)
2cm(4코)

10.5cm(26단)
9cm(22단)

I−I−I−I

I−I−I−II

17cm(42단)
15cm(38단)

4cm(8단)
4cm(8단)

29cm(58코)
26cm(52코)

소매
(대칭으로 한 장 더 뜬다)

−17 (1단평
2−3−2
1−11−1

−15 (1단평
2−3−2
1−9−1

(2코)
(2코)

−17 (2−1−11
4−1−2
2−4−1

−15 (2−1−9
4−1−2
2−4−1

−14 (1단평
2−1−8
4−1−2
1−4−1

−12 (1단평
2−1−6
4−1−2
1−4−1

(6단)
(6단)

10.5cm(26단)
9cm(22단)

25cm(50코)
22cm(44코)

(4코)
(4코)

(4코)
(4코)

17cm(42단)
15cm(38단)

I−I−I

I−I−I−II

18cm(38코)
16cm(32코)

+6 (7단평
6−1−5
5−1−1

+6 (3단평
6−1−5
5−1−1

4cm(8단)
4cm(8단)

※ 도안을 해석한 설명 도안은 80쪽에 있습니다.

133

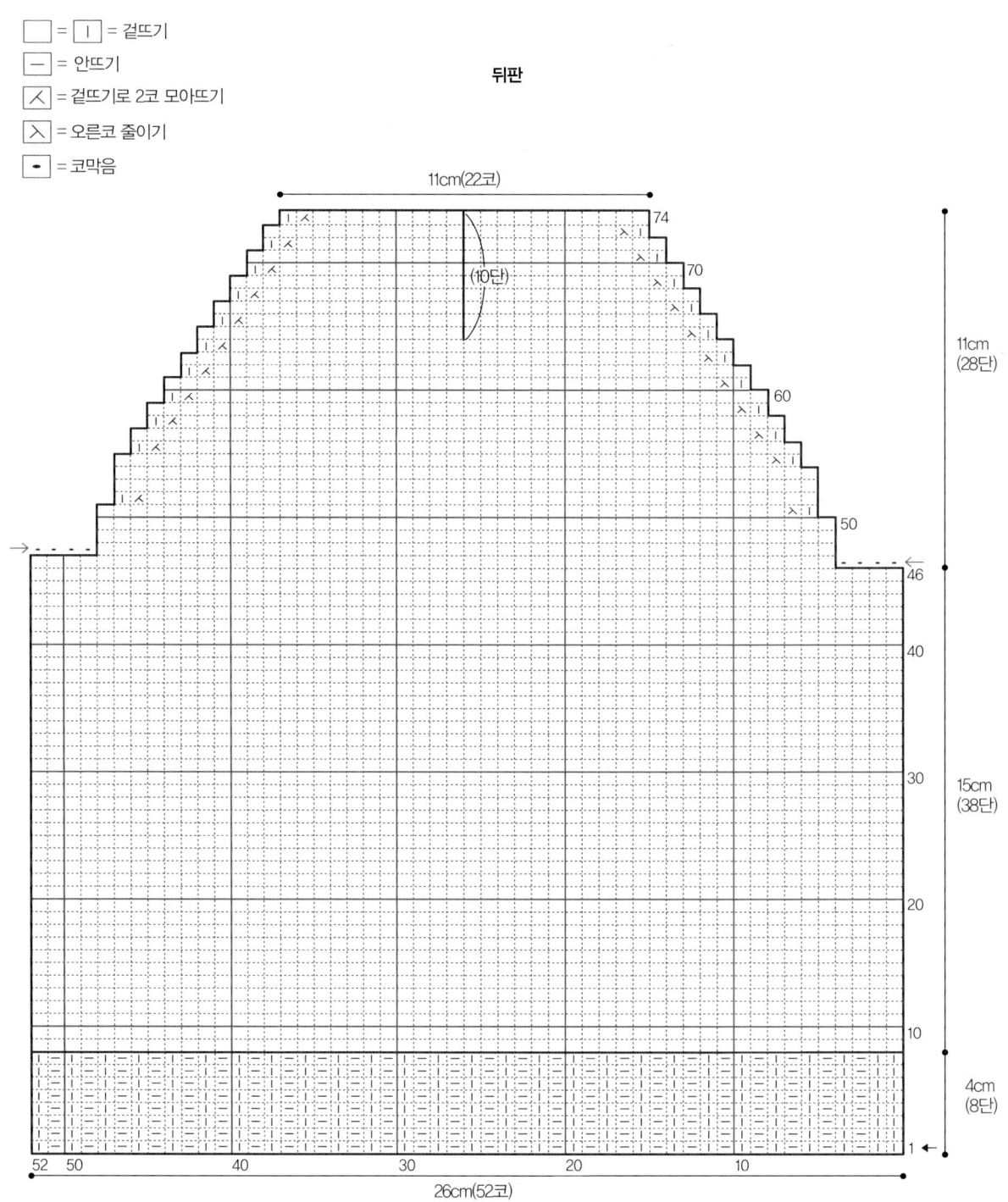

= I = 겉뜨기

− = 안뜨기

人 = 겉뜨기로 2코 모아뜨기

入 = 오른코 줄이기

• = 코막음

뒤판

11cm(22코)

(10단)

11cm
(28단)

15cm
(38단)

4cm
(8단)

26cm(52코)

※ 12개월 사이즈 기준

앞판

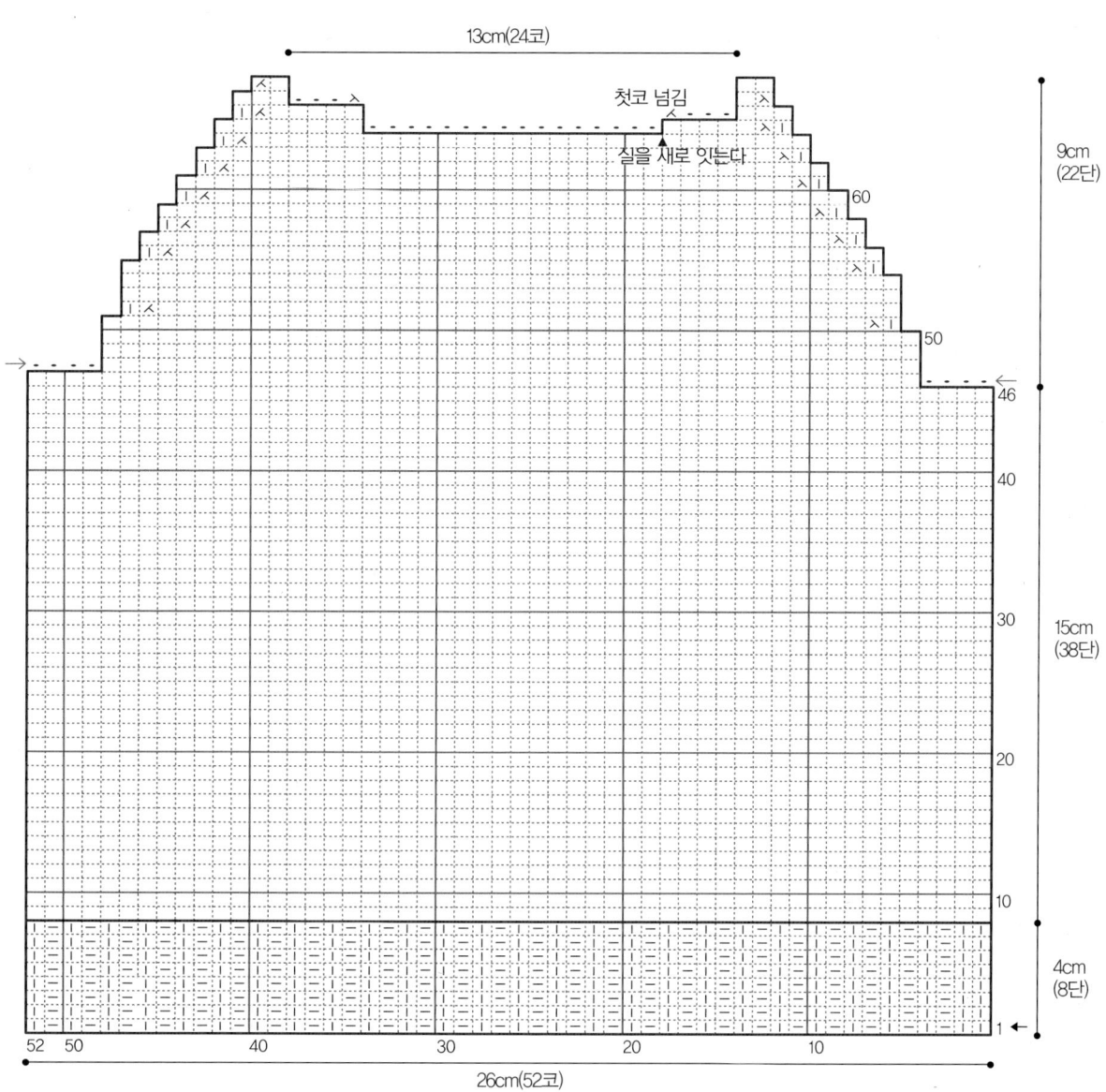

13cm(24코)

첫코 넘김

실을 새로 잇는다

9cm
(22단)

60

50

46

40

15cm
(38단)

30

20

10

4cm
(8단)

52 50   40   30   20   10   1

26cm(52코)

135

소매

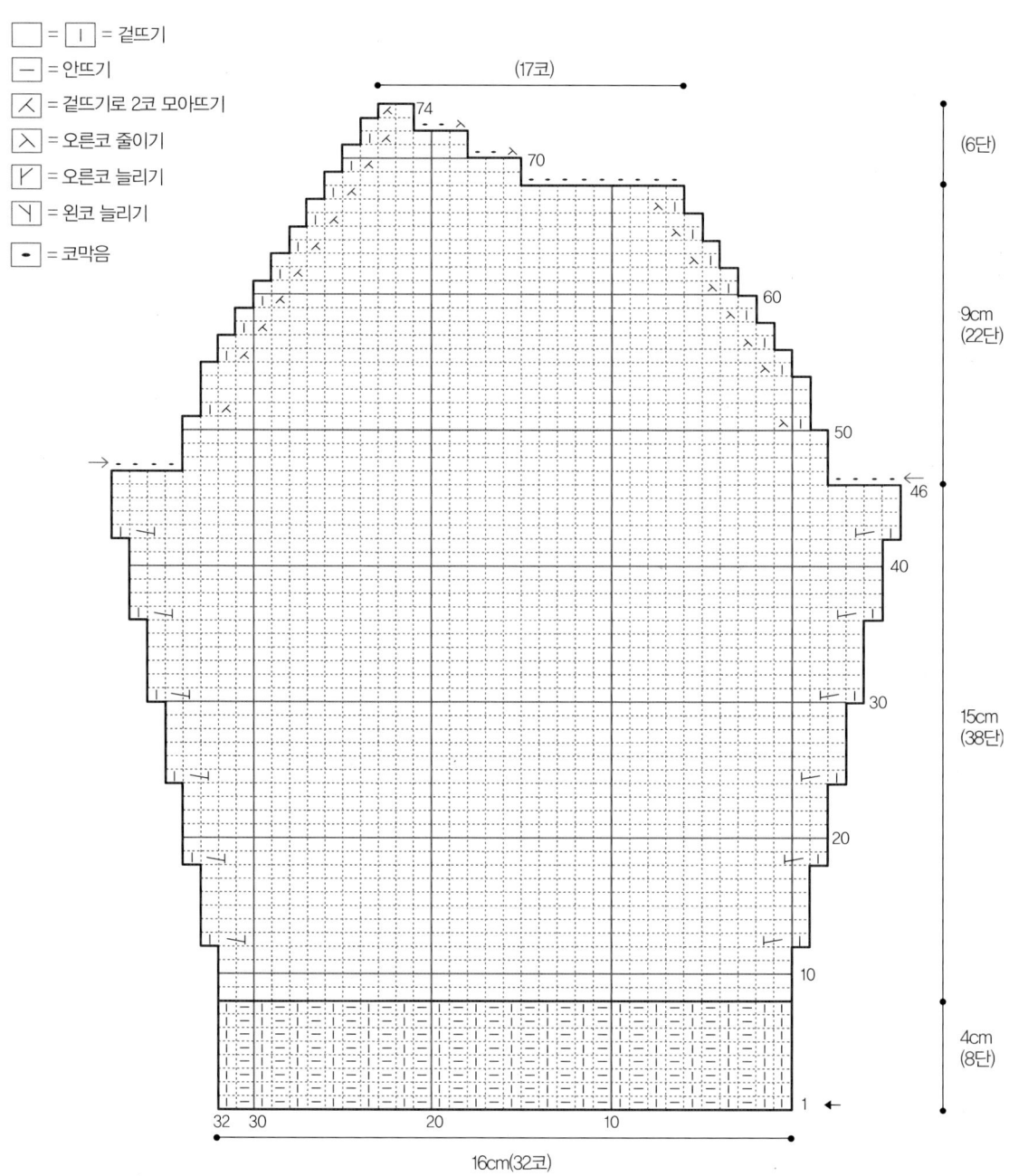

= I = 겉뜨기

= 안뜨기

= 겉뜨기로 2코 모아뜨기

= 오른코 줄이기

= 오른코 늘리기

= 왼코 늘리기

= 코막음

(17코)

74

70

60

50

46

40

30

20

10

1

(6단)

9cm
(22단)

15cm
(38단)

4cm
(8단)

32 30   20   10

16cm(32코)

p. 26-29

06 베이직 골지 비니(b)

완성 사이즈 Free size(12~24개월)

실 울 60g 2볼

바늘 장갑바늘 3.5mm 5개

부재료 돗바늘

게이지 22코 × 28단 메리야스뜨기

도구와 기법 73~111쪽 참조

※ 주황색 실로 뜬 골지 비니는 21번 작품에서 만날 수 있어요.
색만 다르게 만들어도 전혀 다른 스타일을 연출할 수 있습니다.

How To Make

1 장갑바늘 4개에 각 24/28/24/28코씩 총 104코를 잡는다.

2 바늘에 있는 코가 꼬이지 않도록 정리해서 원형뜨기를 시작한다.

3 (겉뜨기 2코, 안뜨기 2코)를 반복하여 끝단에서부터 60단 뜬다.

4 안뜨기 부분만 줄인다. (겉뜨기 2코, 안뜨기로 2코 모아뜨기)를 반복해서 1단 뜬다. (78코)

5 (겉뜨기 2코, 안뜨기 1코)를 반복해서 4단 더 뜬다.

6 이제 겉뜨기 부분만 줄인다. (겉뜨기로 2코 모아뜨기, 안뜨기 1코)를 반복해서 1단 뜬다. (52코)

7 (겉뜨기 1코, 안뜨기 1코)를 반복해서 3단 더 뜬다.

8 한 번 더 줄인다. 겉뜨기로 2코 모아뜨기를 반복해서 1단 뜬다. (26코)

9 겉뜨기만 해서 2단 더 뜬다.

10 마지막 줄이기. 겉뜨기로 2코 모아뜨기를 반복해서 1단 뜬다. (13코)

11 겉뜨기만 해서 1단 더 뜬다.

12 실을 20cm 정도 남기고 잘라 돗바늘에 꿴다. 나머지 코들을 2~3번 통과시키고 꽉 당긴다.

13 실 끝을 안쪽에서 마무리한다.

TIP 착용했을 때 위쪽으로 조금 더 긴 비니를 만들고 싶다면 밑단 단수를 10~20단 정도 원하는 만큼 추가해보세요.
머리 윗부분에 폼폼이나 장식이 될 만한 것들을 달아도 괜찮아요!

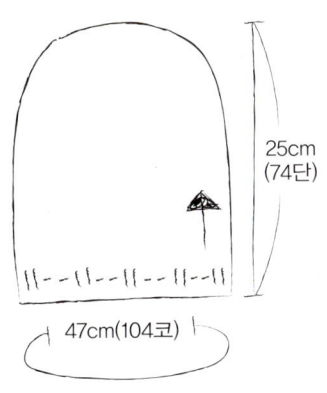

25cm
(74단)

47cm(104코)

p. 30-31

07 꼭지 모자

완성 사이즈 Free size(12~24개월)

실 울 50g 1볼

바늘 장갑바늘 3mm 5개

부재료 돗바늘

게이지 27코 × 37단 메리야스뜨기

도구와 기법 73~111쪽 참조

How To Make

1 장갑바늘 4개에 각 30코씩 총 120코 잡는다.

2 코가 꼬이지 않도록 잘 정리한다. 원형뜨기로 겉뜨기만 해서 42단 진행한다.

3 (18코 겉뜨기, 겉뜨기로 2코 모아뜨기) × 6 회 반복. (114코)

4 (17코 겉뜨기, 겉뜨기로 2코 모아뜨기) × 6 회 반복. (108코)

5 (16코 겉뜨기, 겉뜨기로 2코 모아뜨기) × 6 회 반복. (102코)

6 (15코 겉뜨기, 겉뜨기로 2코 모아뜨기) × 6 회 반복. (96코)

7 (14코 겉뜨기, 겉뜨기로 2코 모아뜨기) × 6 회 반복. (90코)

8 이렇게 겉뜨기로 2코 모아뜨기 사이에 코를 하나씩 줄이면서 반복한다.

한 단에 6코씩 줄어든다.

9 (2코 겉뜨기, 겉뜨기로 2코 모아뜨기) × 6회 반복. (18코)

10 이제 줄이기 없이 42단을 겉뜨기한다.

11 (1코 겉뜨기, 겉뜨기로 2코 모아뜨기) × 6회 반복. (12코)

12 (겉뜨기로 2코 모아뜨기) × 6회 반복. (6코)

13 실을 20cm 가량 남기고 끊어 돗바늘에 꿴다. 남은 코 사이를 2~3번 통과시키고, 꼭 당겨서 조인다.

안쪽으로 실을 정리한다.

TIP 밑단이 도르르 말려 올라가는 모자예요. 추운 날에는 귀까지 푹 내려서 쓰고, 날씨가 좋은날에는 귀 위쪽으로 살짝 올려서 쓸 수도 있답니다.

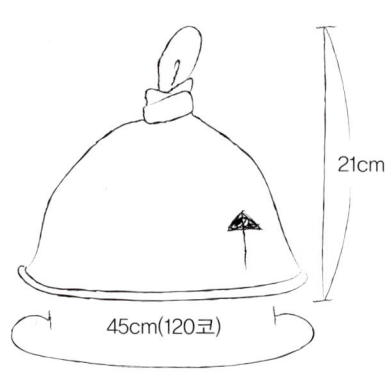

21cm

45cm(120코)

08 베이비 크라운

완성 사이즈 6~12개월, 12~24개월

실 울 50g 1볼

바늘 장갑바늘 3mm 5개

부재료 돗바늘, 여분의 실

게이지 27코 × 38단 메리야스뜨기

도구와 기법 73~111쪽 참조

p. 32-33

How To Make

1 메인 실이 아닌 여분의 실을 사용해 장갑바늘 4개에 각 28(30)코씩 총 112(120)코 잡는다.

2 이제 메인 실을 사용해 원형뜨기를 시작한다. 매듭 부분이 안쪽으로 가게 해서 코가 꼬이지 않도록 잘 정리한다.

3 원형뜨기로 겉뜨기만 23(27)단을 뜬다.

* 이제부터 4개의 바늘 중 하나의 바늘에 걸려있는 28(30)코만 편물을 앞뒤로 돌려가며 뜬다.

4 겉뜨기 면에서 겉뜨기 28(30)코를 뜬다.

5 편물을 돌리고 안뜨기 면에서 안뜨기 28(30)코를 뜬다.

6 **겉뜨기 면** : 겉뜨기 1코, 오른코 줄이기, 3코 남을 때까지 겉뜨기, 겉뜨기로 2코 모아뜨기, 겉뜨기 1코.

7 **안뜨기 면** : 모두 안뜨기한다.

8 과정 6-7을 차례로 반복하며 총 2코 남을 때까지 진행한다. 겉뜨기에서 끝낸다.

9 안뜨기 쪽에서 코막음해 마무리한다. **

*에서 **까지의 과정을 각각의 바늘에 반복한다.

8 반대쪽을 하기 위해 시작코 부분으로 돌아간다.

9 장갑바늘 4개를 사용해 메인 실의 112(120)코를 걸어 올린다. 처음 코를 잡았던 다른 실은 잘라낸다.

10 장갑바늘마다 28(30)코가 걸렸는지 확인하고, 메인 실을 새로 연결해 원형뜨기로 23(27)단을 겉뜨기한다.

*에서 **까지의 과정을 바늘마다 반복한다.

겉면이 밖으로 나오도록 반을 접은 후, 돗바늘을 이용해 뾰족한 왕관 부분이 밀리지 않게 잘 꿰매서 이어준다.

메리야스 잇기 방법을 이용하면 깔끔하게 이을 수 있다.

TIP 60도 이상의 따뜻한 물로 조물조물 세탁하면 열수축이 되면서 펠트화가 진행됩니다. 살짝 수축해서 단단하게 모양이 잡힌 왕관도 예뻐요.

• **검은색 표기: 12~24개월**
• **파란색 표기: 6~12개월**

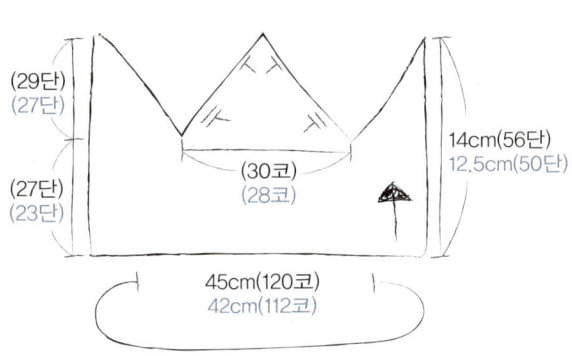

(29단)
(27단)

(27단)
(23단)

(30코)
(28코)

14cm(56단)
12.5cm(50단)

45cm(120코)
42cm(112코)

09 캐시미어 골지 카디건

완성 사이즈 12(24)개월

실 캐시미어 50g 3(3)볼

바늘 줄대바늘 2.5mm, 3mm, 모사용 코바늘 3호

부재료 돗바늘, 15mm 단추 5개, 시침핀, 어깨핀

게이지 25코 × 30단 메리야스뜨기

도구와 기법 73~111쪽 참조

p. 34-35

How To Make

뒤판

1 3mm 줄대바늘로 75(83)코를 잡아 겉뜨기부터 시작해 1코 고무뜨기를 총 10(12)단 뜬다.

2 몸판은 골지 무늬(겉뜨기 3코, 안뜨기 1코)로 52(58)단 진행한다.

3 도안대로 진동과 목둘레, 어깨 처짐에 주의하며 총 46(50)단 진행한다.

4 양쪽 어깨에 남은 11(12)코를 코막음하지 않고, 어깨핀에 옮겨 놓는다.

5 실은 30cm 가량 남겨놓고 자른다.

왼쪽 앞판

1 3mm 줄대바늘로 39(43)코를 잡아 1코 고무뜨기를 10(12)단 한다. 이때 시작과 끝은 겉뜨기 2코가 되도록 한다.

2 몸판은 골지 무늬(겉뜨기 3코, 안뜨기 1코)로 52(58)단 진행한다. 이때 앞단 부분은 1코를 감아코로 늘려 겉뜨기 4코가 되게 한다.

3 도안대로 진동과 목둘레, 어깨 처짐에 주의하며 총 46(50)단 진행한다.

4 양쪽 어깨에 남은 11(12)코를 코막음하지 않고, 어깨핀에 옮겨 놓는다.

5 실은 30cm 가량 남겨놓고 자른다.

＊대칭이 되도록 오른쪽 앞판 한 장 더 뜬다.

소매

1 3mm 줄대바늘로 43(51)코를 잡아 1코 고무뜨기를 8(8)단 뜬다. 이때 시작은 겉뜨기 2코가 되도록 한다.

2 골지 무늬(겉뜨기 3코, 안뜨기 1코)로 64(74)단을 도안대로 늘리며 진행한다.

3 도안대로 양쪽 끝을 대칭으로 줄여가며 22(24)단 진행 후 남은 23(27)코를 코막음한다.

＊대칭이 되도록 한 장 더 뜬다.

연결하기

1 겉면이 안으로 오도록 앞판과 뒤판을 포개어 놓는다. 어깨핀에 걸어놓은 부분을 동시에 덮어씌우며 코막음한다.
(양쪽 동일)

2   겉면이 바깥으로 오도록 뒤집은 후 돗바늘로 옆선을 꿰맨다.

3   겉면이 바깥으로 오도록 소매를 반으로 접고, 돗바늘로 옆선을 꿰맨다.

4   겉면이 안으로 오도록 몸통과 소매 부분을 놓고, 밀리지 않도록 시침핀으로 꽂아둔다.

    코바늘을 이용하여 빼뜨기로 이어준다.

오른쪽 앞단 코줍기

1   3mm 줄대바늘을 사용하여 오른쪽 밑단부터 한 단에 1코씩 코를 줍는다.

    시작할 때 1코 만들고, 끝나고 감아코로 1코 추가해 총 79(87)코 잡는다.

2   안뜨기 1코부터 시작해 1코 고무단으로 진행하여 마지막은 안뜨기 1코로 끝나도록 한다.

3   코를 주운 후 총 7단 뜨고 코막음한다.

왼쪽 앞단 코줍기

1   3mm 줄대바늘을 사용하여 왼쪽 앞단 목둘레부터 한 단에 1코씩 코를 줍는다. 시작할 때 1코 만들고,

    끝나고 감아코로 1코 추가해 총 79(87)코 잡는다.

2   안뜨기 1코부터 시작해 1코 고무뜨기으로 진행하여 마지막은 안뜨기 1코로 끝나도록 한다. 총 2단 진행.

3   세 번째 단에는 단춧구멍을 만든다. 밑단부터 8(6)코 뜨고 실 앞으로 가져온 후 겉뜨기로 2코 모아뜨기,

    (고무뜨기 16(18)코 진행 후 실 앞으로 가져오고 2코 같이 겉뜨기) × 3회 반복, 끝까지 고무뜨기 진행.

4   다음 단도 정상적으로 고무뜨기를 진행하면 바늘비우기 한 자리에 단춧구멍이 생긴다.

    4단 더 진행하여 총 7단 뜨고 코막음한다.

목둘레 코줍기

1   2.5mm 줄대바늘을 사용하여 오른쪽 앞판부터 시작해 코를 홀수로 줍는다.

    시작코 할 때 1코 만들고, 끝난 후에도 감아코로 1코 추가한다.

2   안뜨기부터 시작해 1코 고무뜨기를 한다. 총 2단 진행.

3   세 번째 단에는 단춧구멍을 만든다. 고무뜨기 4코 진행 후 실 앞으로 가져온다.

    겉뜨기로 2코 모아뜨기, 끝까지 고무뜨기 진행.

4   다음 단도 정상적으로 고무뜨기를 진행하면 바늘비우기 한 자리에 단춧구멍이 생긴다.

    4단 더 진행하여 총 7단 고무단 후 코막음한다.

5   단추를 달아 마무리한다.

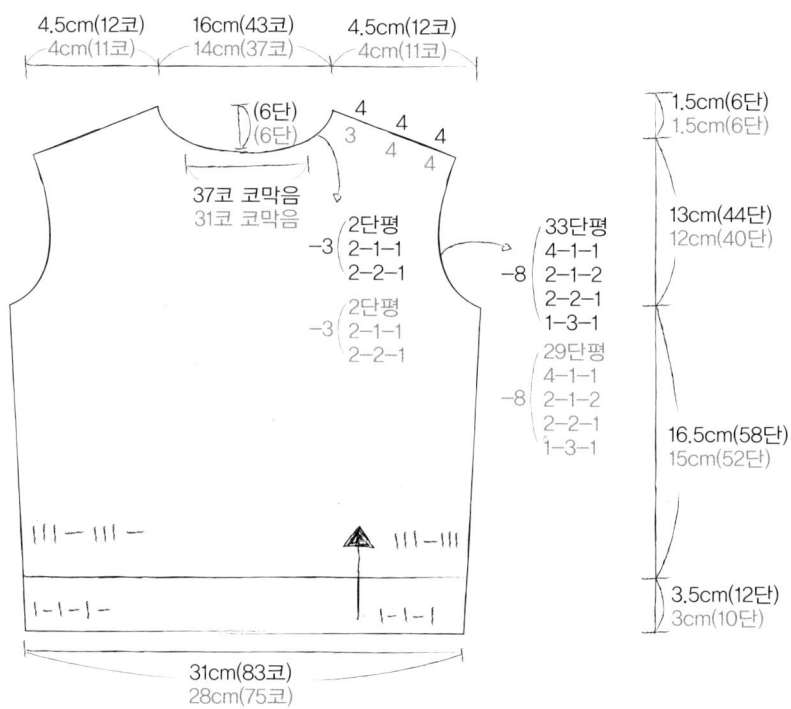

• 검은색 표기: **24개월**
• 파란색 표기: **12개월**

뒤판

4.5cm(12코)　16cm(43코)　4.5cm(12코)
4cm(11코)　14cm(37코)　4cm(11코)

(6단)
(6단)

4　4　4
3　4　4

37코 코막음
31코 코막음

1.5cm(6단)
1.5cm(6단)

13cm(44단)
12cm(40단)

-3 2단평
2-1-1
2-2-1

33단평
4-1-1
2-1-2
2-2-1
1-3-1

-8

-3 2단평
2-1-1
2-2-1

29단평
4-1-1
2-1-2
2-2-1
1-3-1

-8

16.5cm(58단)
15cm(52단)

3.5cm(12단)
3cm(10단)

31cm(83코)
28cm(75코)

왼쪽 앞판
(대칭이 되도록 오른쪽 앞판 한 장 더 뜬다)

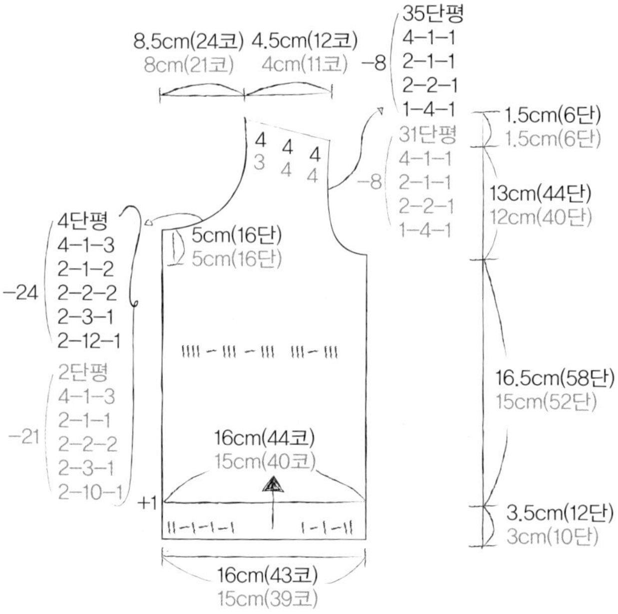

8.5cm(24코)　4.5cm(12코)
8cm(21코)　4cm(11코)

-8 35단평
4-1-1
2-1-1
2-2-1
1-4-1

31단평
4-1-1
2-1-1
2-2-1
1-4-1

-8

4　4　4
3　4　4

1.5cm(6단)
1.5cm(6단)

13cm(44단)
12cm(40단)

5cm(16단)
5cm(16단)

4단평
4-1-3
2-1-2
2-2-2
2-3-1
2-12-1

-24

2단평
4-1-3
2-1-1
2-2-2
2-3-1
2-10-1

-21

$+1$

16cm(44코)
15cm(40코)

16.5cm(58단)
15cm(52단)

3.5cm(12단)
3cm(10단)

16cm(43코)
15cm(39코)

소매
(대칭이 되도록
한 장 더 뜬다)

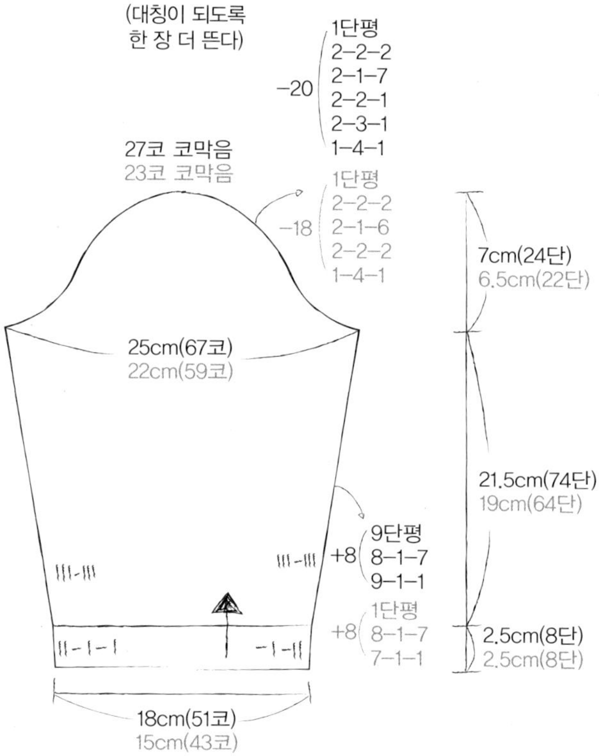

-20 1단평
2-2-2
2-1-7
2-2-1
2-3-1
1-4-1

27코 코막음
23코 코막음

-18 1단평
2-2-2
2-1-6
2-2-2
1-4-1

7cm(24단)
6.5cm(22단)

25cm(67코)
22cm(59코)

21.5cm(74단)
19cm(64단)

$+8$ 9단평
8-1-7
9-1-1

$+8$ 1단평
8-1-7
7-1-1

2.5cm(8단)
2.5cm(8단)

18cm(51코)
15cm(43코)

소매

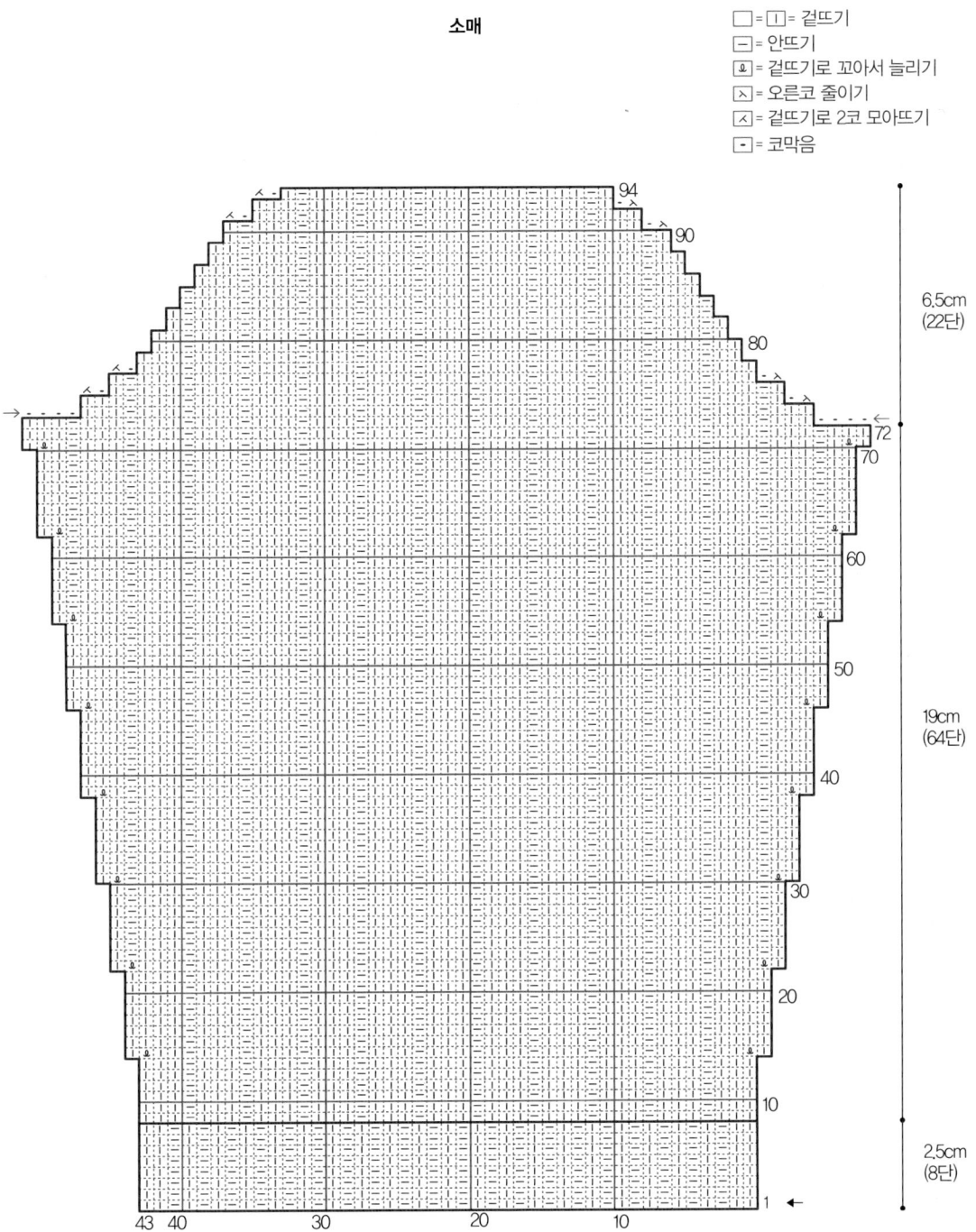

□ = I = 겉뜨기
□ = 안뜨기
□ = 겉뜨기로 꼬아서 늘리기
□ = 오른코 줄이기
□ = 겉뜨기로 2코 모아뜨기
□ = 코막음

94
90
80
72
70
60
50
40
30
20
10
1

6.5cm
(22단)

19cm
(64단)

2.5cm
(8단)

43 40 30 20 10

※ 12개월 사이즈 기준

10 멜빵 블루머(a)

완성 사이즈 6(12)개월

실 울 40g 3(3)볼

바늘 줄대바늘 3.5mm, 장갑바늘 3mm 4개

부재료 돗바늘, 18mm 단추 2개, 어깨핀

게이지 25코 × 30단 메리야스뜨기

도구와 기법 73~111쪽 참조

p. 36-39

How To Make

뒤판

1 3.5mm 대바늘에 64(72)코를 잡는다.

2 겉뜨기 2코부터 시작해서 1코 고무뜨기로 12(14)단 진행한다.

3 도안을 참고하여 양쪽 끝 1코 사이를 늘리면서 겉뜨기 단부터 시작, 메리야스뜨기 40(44단) 진행한다.

4 도안을 참고하여 양쪽 코를 줄여가며 메리야스뜨기 18(22단) 진행한다.

5 실을 20cm 정도 남기고 잘라낸다. 어깨핀에 쉼코로 잠시 놔둔다.

앞판

1 3.5mm 대바늘에 64(72)코를 잡는다.

2 겉뜨기 2코부터 시작해서 1코 고무뜨기로 12(14)단 진행한다.

3 도안을 참고하여 양쪽 끝 1코 사이를 늘리면서 겉뜨기 단부터 시작, 메리야스뜨기 40(44단) 진행한다.

4 도안을 참고하여 양쪽 코를 줄여가며 메리야스뜨기 10(12단) 진행한다.

5 실을 20cm 정도 남기고 잘라낸다.

연결하기

1 겉면이 바깥으로 오도록 앞판과 뒤판을 포개 놓는다.

   돗바늘을 이용하여 메리야스 잇기 방법으로 양쪽 옆선과 블루머 아랫부분을 꿰맨다.

다리 밑단 코줍기

1 3mm 장갑바늘 3개로 다리 부분에서 짝수로 코를 줍는다. 이때 가로 코에서는 1코에 1코 그대로 줍고 세로 단에서는 세 단에 2코를 잡는다.

2 원형뜨기 방식으로 1코 고무뜨기한다.

   7(8)단 후 돗바늘을 이용해 마무리한다.

끈 만들기(공통)

1 3.5mm 대바늘로 11코를 잡아 양쪽 끝이 겉뜨기 2코로 끝나도록 하고, 1코 고무뜨기한다.

2 140단 진행 후 가운데 3코를 코막음하여 단춧구멍을 만든다.

3 고무뜨기 4코 진행 후 감아코로 3코 만들기, 다시 고무뜨기를 진행한다.

4 2단 더 진행 후 마무리하여 블루머 뒤쪽에 꿰매고, 앞쪽에 단추를 달아 마무리한다.

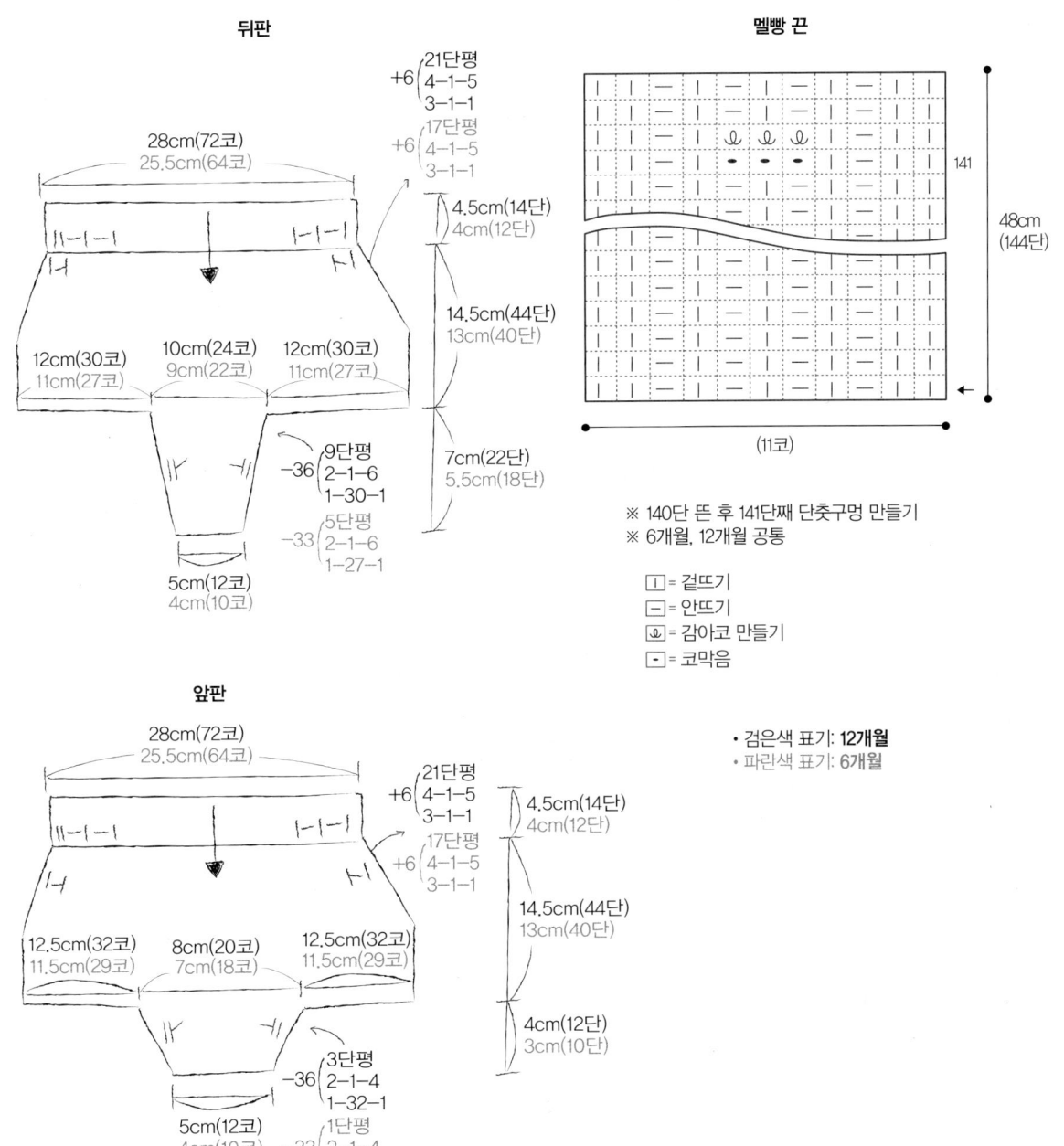

뒤판

앞판

멜빵 끈

※ 140단 뜬 후 141단째 단춧구멍 만들기
※ 6개월, 12개월 공통

☐ = 겉뜨기
☐ = 안뜨기
☐ = 감아코 만들기
☐ = 코막음

• 검은색 표기: **12개월**
• 파란색 표기: 6개월

145

p. 36-39

10 바니 보닛(b)

완성 사이즈 6(12)개월

실 울 메인 색 40g 2(2)볼, 흰색 50g 1(1)볼

바늘 줄대바늘 3mm, 3.5mm

부재료 돗바늘, 18mm 단추 1개

게이지 25코 × 30단 메리야스뜨기

도구와 기법 73~111쪽 참조

How To Make

귀(겉) 2개 만들기(메인 색 실 사용)

1 3.5mm 대바늘에 12코를 잡는다.

2 도안대로 양쪽 끝 1코 사이를 늘리고 줄여가며 겉뜨기 단부터 시작, 메리야스뜨기로 53단 진행한다.

3 남은 12코는 코막음한다.

귀(안) 2개 만들기(흰색 실 사용)

1 3.5mm 줄대바늘에 8코를 잡는다.

2 도안대로 양쪽 끝 1코 사이를 늘리고 줄여가며 겉뜨기 단부터 시작, 메리야스뜨기로 53단 진행한다.

3 남은 8코는 코막음한다.

귀 연결하기

1 겉면이 바깥으로 오게 하여 돗바늘로 가장자리를 꿰매 이어준다.

모자 만들기

1 3.5mm 대바늘로 88(96)코 잡아 양쪽 끝에 겉뜨기 3코씩 오도록 하고, 2코 고무뜨기를 18(22)단 진행한다.

2 겉뜨기 단부터 시작하여 메리야스뜨기로 16(20)단 진행한다.

3 도안을 참고하여 가운데 부분 양쪽 코를 줄이면서 메리야스뜨기로 19(19)단 진행한다.

4 겉면이 바깥으로 오도록 반을 접은 후, 돗바늘을 이용해 뒤통수 부분을 이어준다.

5 3mm 대바늘로 처음 잡았던 고무뜨기의 수직 방향으로 목 밴드가 될 부분의 코를 홀수로 줍는다.
   세 단에 2코를 잡고 1코 고무뜨기를 진행한다. 겉면에서 봤을 때 처음과 끝코는 겉뜨기 1코가 되도록 한다.
   13(17)단 고무뜨기 후 마무리한다.

6 모자의 오른쪽 아래 목 밴드에서 3mm 대바늘로 13(17)코를 줍는다.

7 1코 고무뜨기로 31(35)단 진행한다. 이때 처음과 끝코는 겉면에서 봤을 때 겉뜨기 1코가 되도록 한다.

8 고무뜨기 5(7)코 후 코막음 3코, 고무뜨기 5(7)코 진행한다.

9 고무뜨기 5(7)코 후 감아코 3코, 고무뜨기 5(7)코 진행한다.

10 3단 더 진행 후 코막음한다.

11 반대쪽에 단추를 달아 마무리한다.

TIP 더 넓고 큰 귀를 만들고 싶다면 콧수와 단수를 조절하면서 뜨세요.

귀(겉, 안)

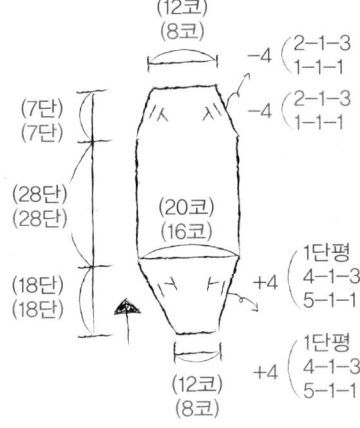

• 회색 표기: **겉**
• 보라색 표기: **안**

모자

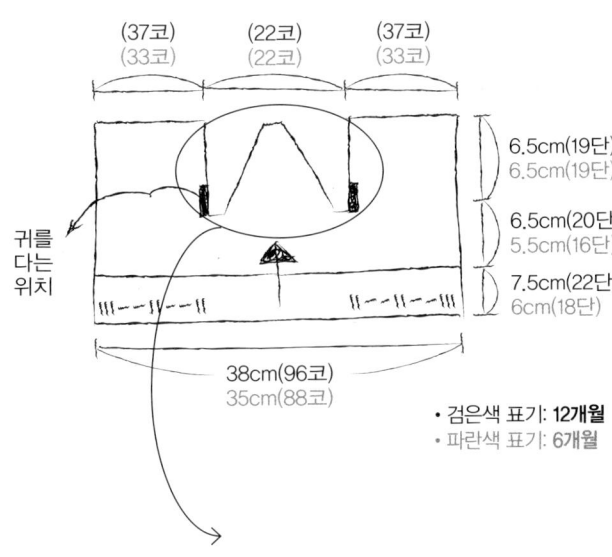

• 검은색 표기: **12개월**
• 파란색 표기: **6개월**

확대(상세 도안)

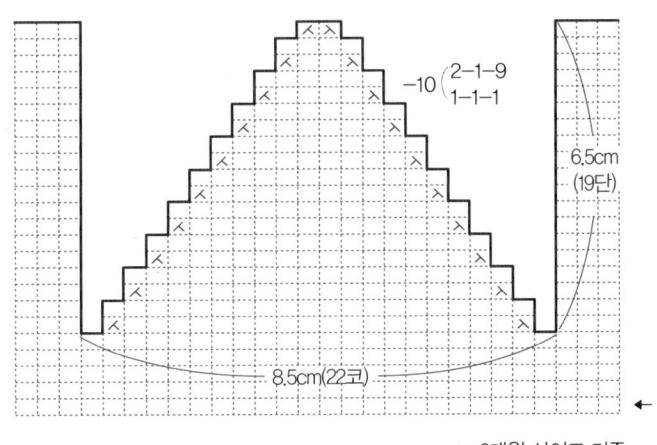

= | | = 겉뜨기

人 = 겉뜨기로 2코 모아뜨기

人 = 오른코 줄이기

※ 6개월 사이즈 기준

147

11 스트라이프 우주복

완성 사이즈 3(6)개월

실 울 흰색 40g 4(5)볼, 민트색 40g 2(2)볼, 네이비색 40g 1(2)볼

바늘 대바늘 3mm, 3.5mm

부재료 돗바늘, 15mm 단추 5개, 표시링 4개, 어깨핀

게이지 23코 × 28단 메리야스뜨기 3.5mm 대바늘

24코 × 42단 가터뜨기 3mm 대바늘

도구와 기법 73~111쪽 참조

p. 40-41

How To Make

뒤판 오른쪽 다리

1 네이비색 실로 3mm 대바늘을 이용해 26(30)코 잡아 겉뜨기로만 6단을 진행한다.

2 3.5mm 대바늘로 바꾼다.

도안을 참고하여 다리 안쪽 끝 1코 사이를 늘리며, 겉뜨기 단부터 48(56)단을 메리야스뜨기한다.

흰색 실 4단, 민트색 실 2단 배색을 유지한다.

3 실을 자르지 않고, 어깨핀에 코를 잠시 쉬게 놔둔다.

뒤판 왼쪽 다리

1 새로운 바늘에 뒤판 오른쪽 다리 과정 1~2를 반복하며, 대칭으로 뒤판 왼쪽 다리를 만든다.

실을 자른다.

다리 이어 뜨기

1 처음 만들었던 오른쪽 다리를 겉뜨기한다.

감아코로 10(12)코 만들고, 다른 바늘에 있던 왼쪽 다리 부분을 이어서 겉뜨기한다.

다리 부분이 연결되며 하나가 된다. (74/84코)

2 과정 1의 겉뜨기 단부터 총 80(90)단을 메리야스뜨기로 작업하는데, 도안을 참고하여 엉덩이 부분을 늘렸다가

줄이는 작업을 한다. 옆선 코 줄이기도 동시에 진행한다.

3 도안을 참고하여 양쪽 진동을 막고, 끝에 한 코 사이를 줄이며 20(26)단 메리야스뜨기로 진행한다.

4 남은 34(34)코를 코막음하고 실을 자른다.

앞판 왼쪽 · 오른쪽 다리

뒤판의 왼쪽·오른쪽 다리와 같은 방법으로 진행한다. 왼쪽 다리 부분의 실은 자르지 않는다.

다리 이어 뜨기

1 처음 만들었던 왼쪽 다리를 겉뜨기한다. 감아코로 10(12)코 만들고, 오른쪽 다리 부분을 이어서 겉뜨기한다.

그럼 다리 부분이 연결되며 하나가 된다. (74/84코)

2 과정 1의 겉뜨기 단부터 총 14단을 메리야스뜨기로 진행한다.

3 겉뜨기로 35(40)코까지만 뜬다. 단추단을 위해 왼쪽 부분만 먼저 진행할 예정. 편물을 앞뒤로 돌려가며

바늘에 걸린 35(40)코만 도안을 참고하여 옆선과 진동을 줄이며 뜬다. 오른쪽 부분 코는 어깨핀에 쉼코로 둔다.

4 왼쪽 부분 남은 2(2)코는 코막음한다.

5 겉면 가운데 부분에서 새로 실을 이어 4코 코막음을 하며 지나가고, 오른쪽 부분 35(40)코를 대칭으로 진행한다.

6 마지막에 남은 2(2)코는 코막음한다.

소매

1 네이비색 실로 3mm 줄대바늘을 이용해 36(44)코 잡아 겉뜨기로만 6단을 진행한다.

2 3.5mm 줄대바늘로 바꾸고 흰색 실 4단, 민트색 실 2단 배색을 유지한다.

도안을 참고하여 양쪽 끝 1코 사이를 늘리며 겉뜨기 단부터 시작, 메리야스뜨기로 40(44)단 뜬다.

3 도안을 참고하여 양쪽 코를 줄이며 메리야스뜨기로 20(26)단 진행한다.

4 마지막에 남은 2(2)코는 코막음한다.

* 대칭이 되도록 한 장 더 뜬다.

연결하기

1 겉면이 바깥으로 오도록 앞판과 뒤판을 포갠 후, 돗바늘을 사용하여 다리 안쪽과 옆선을 꿰맨다.

2 겉면이 바깥으로 오도록 소매를 반 접고 옆선을 꿰맨 후, 몸판과 연결한다.

단춧단 만들기

1 네이비색 실을 사용해서 3mm 대바늘로 7코 잡아 112(132)단 겉뜨기하고 코막음한다.

옆선을 연결할 수 있도록 실을 길게 남기고 자른다.

2 앞단 부분에 돗바늘로 꿰매서 이어준다.

여아의 경우 왼쪽에, 남아의 경우 오른쪽에 달아준다.

3 반대쪽 단을 위해 다시 7코를 잡는다.

4 **3개월용:** 21단째, 43단째, 65단째, 87단째, 109단째에 단춧구멍을 만든다.

6개월용: 25단째, 51단째, 77단째, 103단째, 129단째에 단춧구멍을 만든다.

단춧구멍 만들기: 겉뜨기 3코, 실 앞으로 가져오기, 겉뜨기로 2코 모아뜨기, 겉뜨기 2코.

5 반대쪽 앞단 부분에 돗바늘로 꿰매서 이어주고, 아래쪽 4코 코막음한 부분도 잘 포개어 고정한다.

목둘레 코줍기

1 네이비색 실을 사용해서 3mm 줄대바늘로 오른쪽 앞단부터 한 바퀴 돌아 왼쪽 앞난까지 124(124)코를 줍는다.

2 겉뜨기 1단을 하며 22(22)/24(24)/32(32)/24(24)/22(22)코 사이에 표시링을 꺼준다.

3 겉뜨기 2단 진행한다.

4 (줄이는 단) 표시링이 나올 때 마다 아래의 기법을 반복한다.

표시링 3코 전까지 겉뜨기, 겉뜨기로 2코 모아뜨기, 겉뜨기 1코, 표시링 옮기기, 겉뜨기 1코,

겉뜨기로 2코 모아뜨기. (한 단에 총 4번 반복되며 8코가 줄어든다.)

5 겉뜨기 3단 진행한다.

6 줄이는 단으로 진행한다. (116/116코)

7 겉뜨기 3단 진행한다.

8 줄이는 단으로 진행한다. (108/108코)

9 과정 7-8을 4회 더 반복한다. (76/76코)

10 모든 코를 코막음하고 단추를 달아 마무리한다.

TIP 착용 시 안정감 있게 피팅되는 목단을 하고 싶다면, 목둘레를 가터뜨기하면서 22(26)단 작업 후 단춧구멍을 하나 더 만들어 줘도 좋습니다.

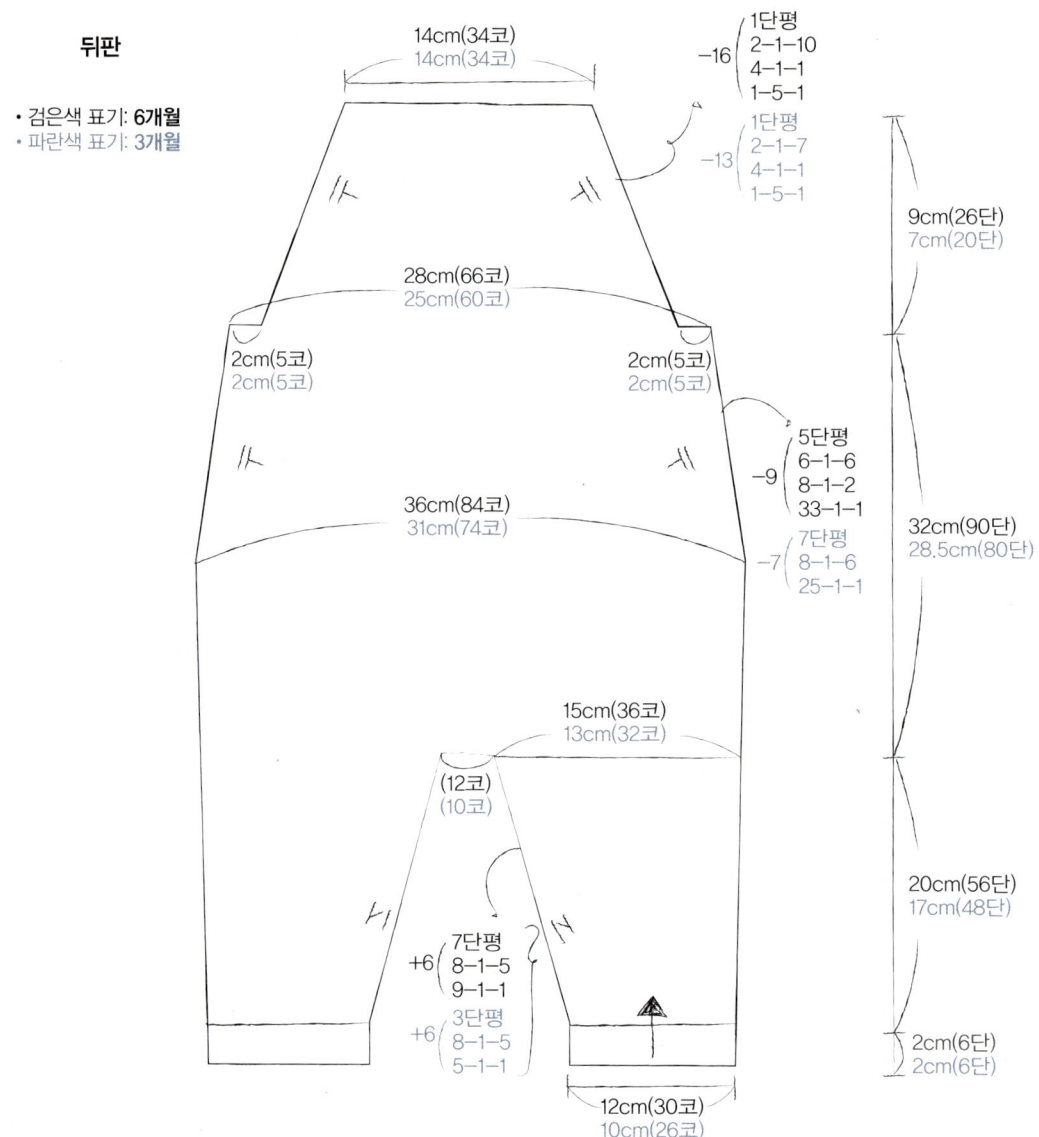

뒤판

• 검은색 표기: **6개월**
• 파란색 표기: **3개월**

앞판

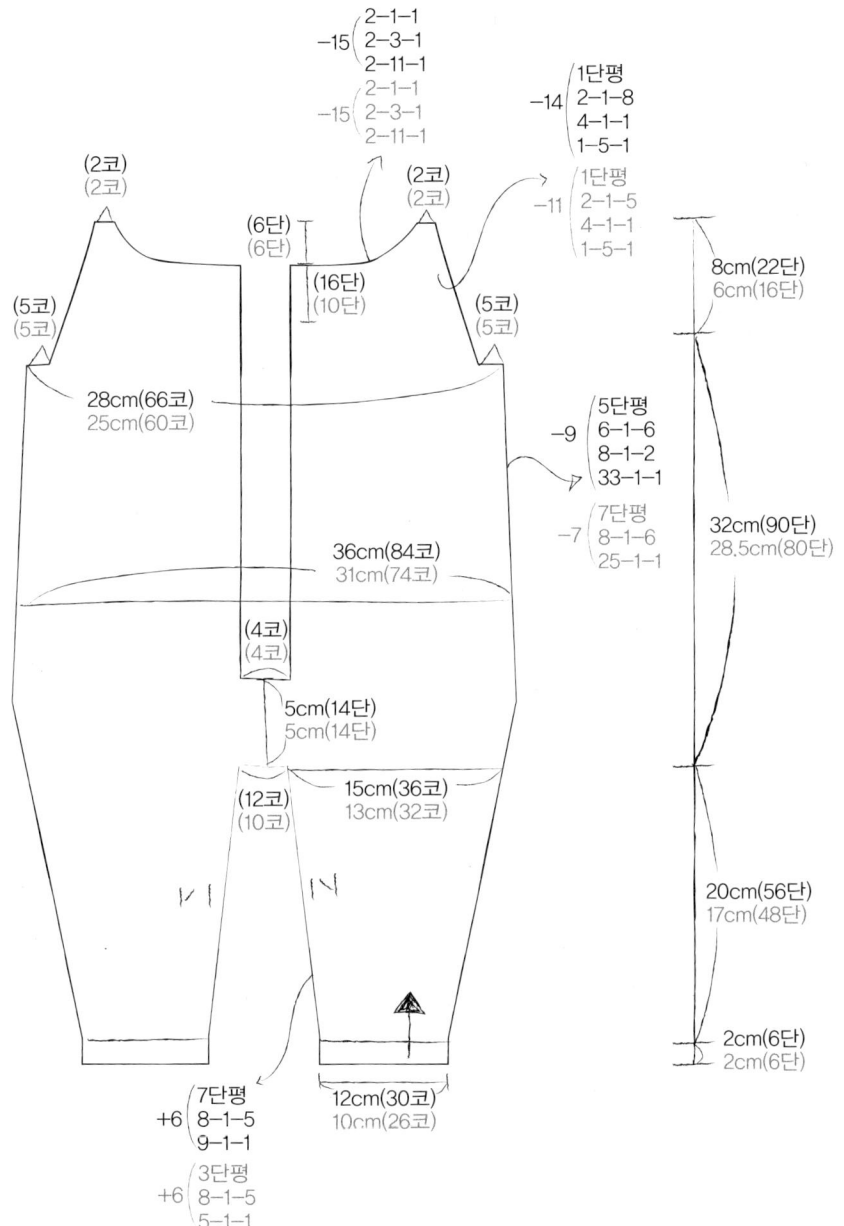

−15 (2−1−1
2−3−1
2−11−1

−15 (2−1−1
2−3−1
2−11−1

−14 (1단평
2−1−8
4−1−1
1−5−1

−11 (1단평
2−1−5
4−1−1
1−5−1

(2코)
(2코)

(2코)
(2코)

(6단)
(6단)

(16단)
(10단)

(5코)
(5코)

(5코)
(5코)

8cm(22단)
6cm(16단)

28cm(66코)
25cm(60코)

−9 (5단평
6−1−6
8−1−2
33−1−1

−7 (7단평
8−1−6
25−1−1

32cm(90단)
28.5cm(80단)

36cm(84코)
31cm(74코)

(4코)
(4코)

5cm(14단)
5cm(14단)

15cm(36코)
13cm(32코)

20cm(56단)
17cm(48단)

(12코)
(10코)

2cm(6단)
2cm(6단)

+6 (7단평
8−1−5
9−1−1

+6 (3단평
8−1−5
5−1−1

12cm(30코)
10cm(26코)

소매
(대칭이 되도록 한 장 더 뜬다)

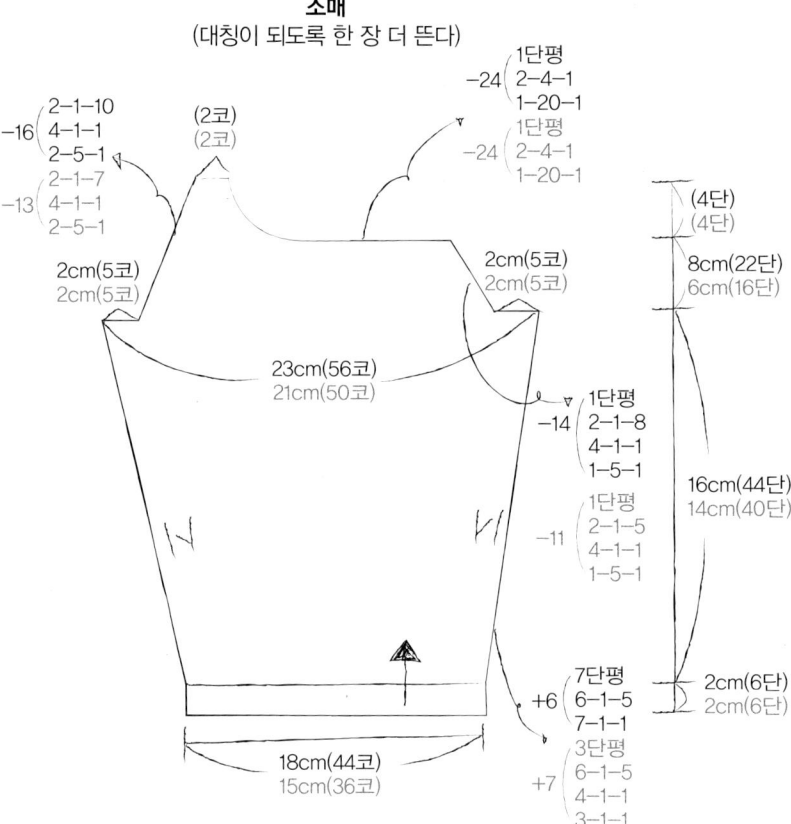

-16 (2-1-10
4-1-1
2-5-1)

-13 (2-1-7
4-1-1
2-5-1)

(2코)
(2코)

-24 (1단평
2-4-1
1-20-1)

-24 (1단평
2-4-1
1-20-1)

2cm(5코)
2cm(5코)

2cm(5코)
2cm(5코)

23cm(56코)
21cm(50코)

-14 (1단평
2-1-8
4-1-1
1-5-1)

-11 (1단평
2-1-5
4-1-1
1-5-1)

+6 (7단평
6-1-5
7-1-1)

+7 (3단평
6-1-5
4-1-1
3-1-1)

18cm(44코)
15cm(36코)

(4단)
(4단)

8cm(22단)
6cm(16단)

16cm(44단)
14cm(40단)

2cm(6단)
2cm(6단)

엉덩이

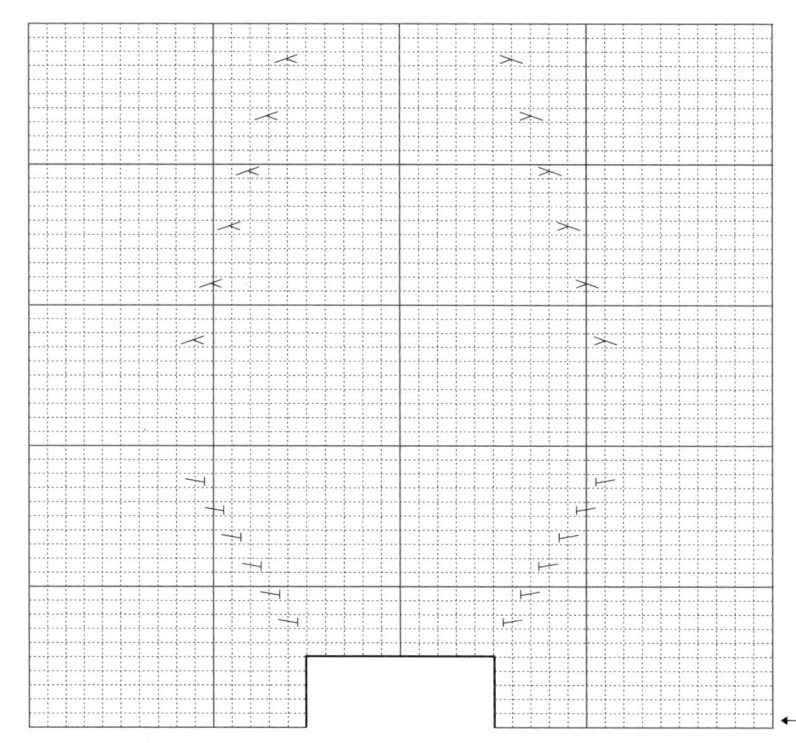

□ = | 겉뜨기

人 = 겉뜨기로 2코 모아뜨기

入 = 오른코 줄이기

Y = 왼코 늘리기

ν = 오른코 늘리기

※ 3개월 사이즈 기준
(6개월 사이즈의 경우는
가운데 단평만 6단 추가한다.)

▽12 니트 바지

완성 사이즈 12(24)개월

실 울 흰색 40g 3(4)볼, 파란색 40g 1(1)볼

바늘 40cm 줄대바늘 3mm, 장갑바늘 3mm 4개

부재료 돗바늘, 여분의 실, 표시링

게이지 26코 × 35단 메리야스뜨기

도구와 기법 73~111쪽 참조

p. 42-43

`How To Make`

허리 밴드 부분

1 여분의 실을 이용해 3mm 줄대바늘에 140(152)코를 잡는다.

2 원형 뜨기 방식으로 진행하는데 시작 부분을 잊어먹지 않도록 표시링을 걸어준다.

3 파란색 실을 사용해 겉뜨기 1코, 안뜨기 1코, 이렇게 1코 고무뜨기로 22단 진행한다.

끈 넣을 구멍 만들기

1 계속해서 1코 고무뜨기로 65(71)코 진행, 실을 앞으로 가져와서 겉뜨기로 2코 모아뜨기, 고무뜨기로 안-겉-안-겉-안-겉-안-겉-안-겉 후에 다시 실을 앞으로 가져와서 겉뜨기로 2코 모아뜨기한다. 나머지 코는 끝까지 떠서 한 단을 마무리한다.

2 고무뜨기 5단 진행한다.

3 처음 시작줄에서 코를 끌어올려 겹단을 만든다.

다리 부분

1 흰색 실을 새로 연결해서 계속 겉뜨기하며 메리야스뜨기로 진행한다. 도안을 참고하며 엉덩이 부분을 늘리고 줄이며 64(70)단 뜬다.

2 바지의 앞판과 뒤판 가운데 부분 8(10)코를 표시링을 사용하여 시작코과 끝코에 표시한다. 오른쪽 다리 부분만 진행, 이때 둘레가 짧아지니 줄대바늘에서 장갑바늘 3개로 코를 옮긴다. 다리 안쪽을 임의로 시작점으로 설정하고 잊지 않도록 표시링을 건다.

3 표시링 앞 뒤 1코씩 전후로 도안에 맞게 코를 줄이며 56(64)단 진행한다.

4 파란색 실로 바꾼 후 1코 고무뜨기로 8단 진행하고, 코막음하며 마무리한다.

5 새로 실을 이어 바지 가운데 부분을 안쪽에서 코막음하며 왼쪽 다리로 이동한다.

6 코를 장갑바늘에 옮겨서 반대쪽과 대칭으로 작업한다.

7 장갑바늘로 4코를 잡아 아이코드 70cm를 뜬 후, 허리 밴드 부분에 넣는다.

`TIP` 허리 밴드 부분에 도톰한 허리 고무줄을 넣으면 보다 수월하게 입힐 수 있어요.

앞판

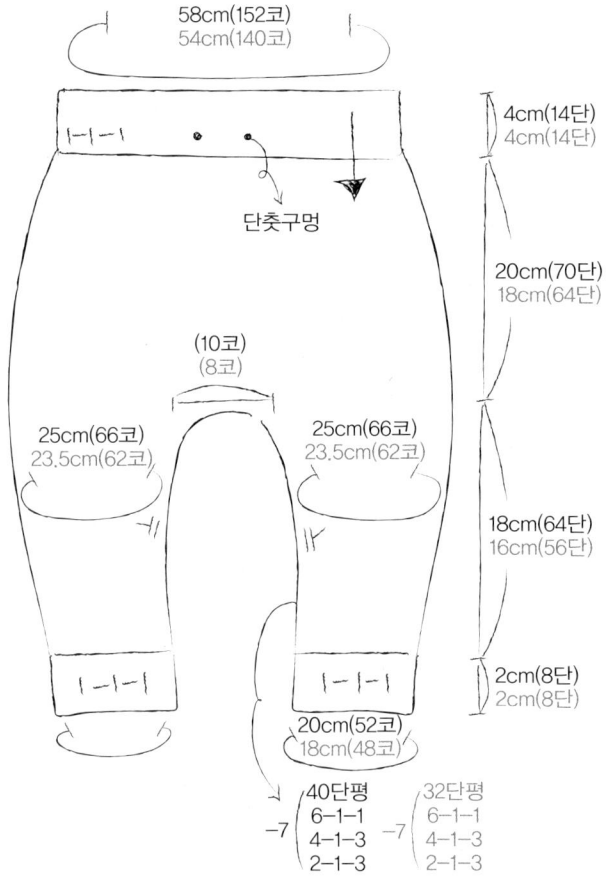

58cm(152코)
54cm(140코)

4cm(14단)
4cm(14단)

단춧구멍

20cm(70단)
18cm(64단)

(10코)
(8코)

25cm(66코)
23.5cm(62코)

25cm(66코)
23.5cm(62코)

18cm(64단)
16cm(56단)

2cm(8단)
2cm(8단)

20cm(52코)
18cm(48코)

-7 (40단평
6-1-1
4-1-3
2-1-3

-7 (32단평
6-1-1
4-1-3
2-1-3

• 검은색 표기: **24개월**
• 파란색 표기: **12개월**

뒤판

시작 부분

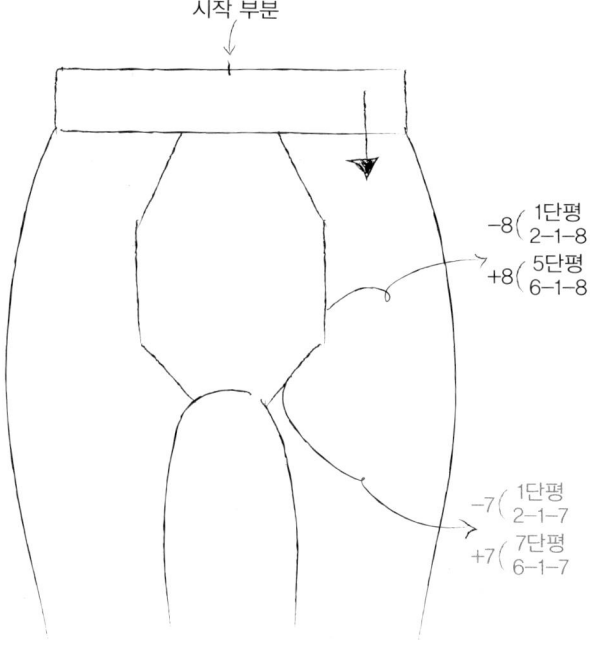

-8 (1단평
2-1-8
+8 (5단평
6-1-8

-7 (1단평
2-1-7
+7 (7단평
6-1-7

엉덩이

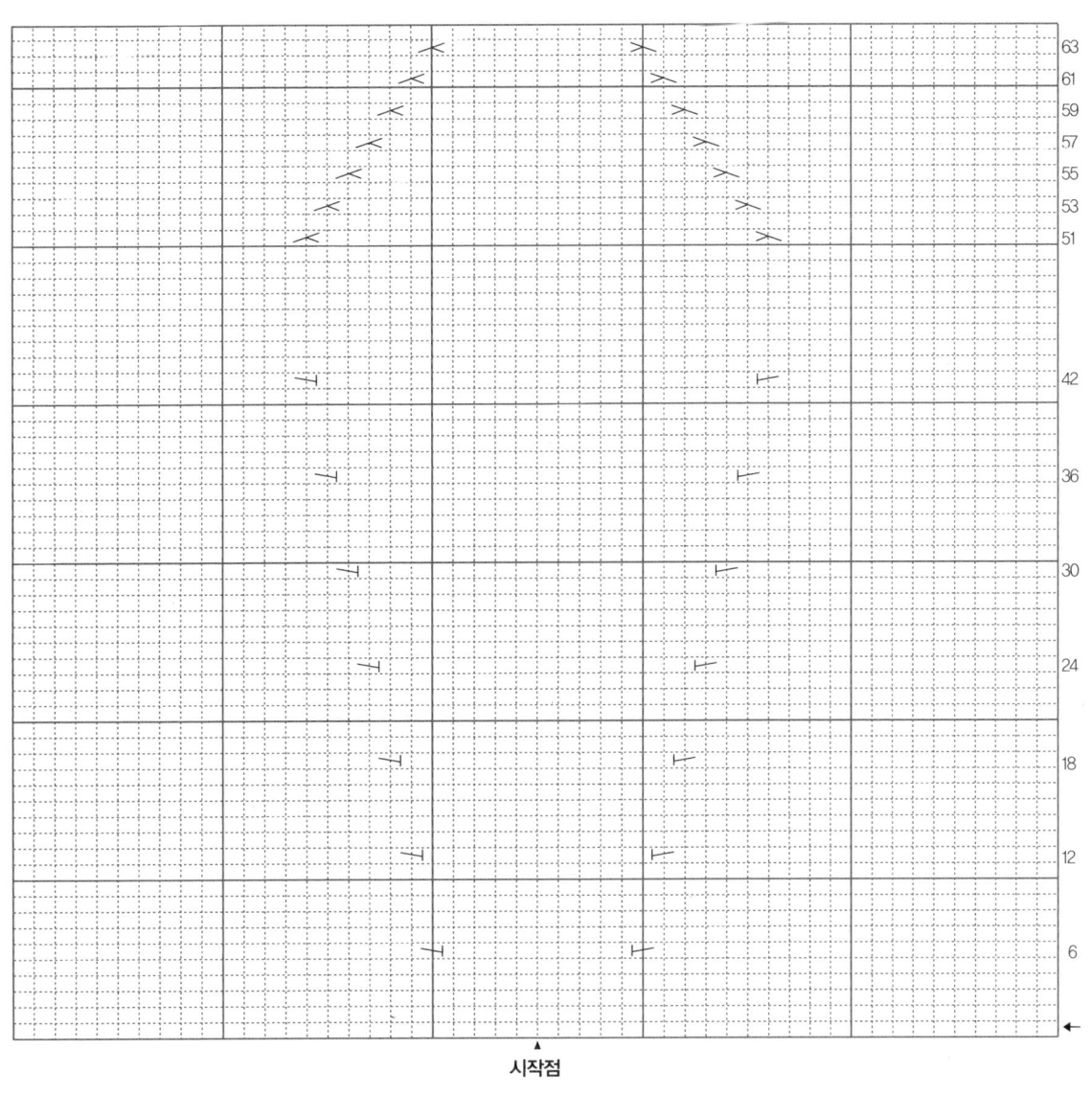

63
61
59
57
55
53
51

42

36

30

24

18

12

6

▲
시작점

※ 12개월 사이즈 기준

□ = │ 겉뜨기
丫 = 왼코 늘리기
𝑉 = 오른코 늘리기
人 = 겉뜨기로 2코 모아뜨기
入 = 오른코 줄이기

p. 44-47

13 더블 버튼 카디건

완성 사이즈 12(24)개월

실 캐시미어 100g 2(2)볼

바늘 줄대바늘 4mm

부재료 돗바늘, 단추 15mm 6개, 어깨핀

게이지 22코 × 42단, 가터뜨기

도구와 기법 73~111쪽 참조

How To Make

뒤판

1 4mm 대바늘을 사용하여 60(66)코를 잡고 겉뜨기로 총 66(76)단을 뜬다.

2 양쪽 끝에서 각 1코 안쪽 부분을 한 단에 1코씩 늘려 총 8(10)단 진행한다.

3 감아코 방법으로 34(37)코 만든 후 쭉 겉뜨기한다. 총 2회 반복. (144/160코)

4 겉뜨기로 총 38(44)단 진행하며, 목둘레도 만든다. 감아코 만들기부터 1단을 센다.

5 남은 코는 코막음하지 않고 어깨핀에 쉼코로 둔다.

왼쪽 앞판

1 4mm 줄대바늘을 사용하여 43(48)코를 잡고, 겉뜨기로 32(38)단을 뜬다.

2 33(39)단째에는 단춧구멍을 만든다.

   22(26)코 남을 때까지 겉뜨기, 코막음 2(2)코, 겉뜨기 14(18)코, 코막음 2(2)코, 겉뜨기 4(4)코.

3 겉뜨기 4(4)코, 감아코 만들기 2(2)코, 겉뜨기 14(18)코, 감아코 만들기 2(2)코, 끝까지 겉뜨기.

   59(69)단, 85(99)단째에 과정 2-3을 반복하여 단춧구멍 만드는 걸 잊지 않고 진행한다. 총 66(76)단 겉뜨기한다.

4 겉뜨기 1코, 1코 만들기, 나머지 겉뜨기.

5 1코 남을 때까지 겉뜨기, 1코 만들기, 겉뜨기 1코.

6 과정 4-5를 1세트로 보고 3(4)회 더 반복한다. (51/58코)

7 감아코 방법으로 34(37)코 만든 후 목둘레를 줄이며 총 38(44)단을 겉뜨기한다.

8 남은 코는 코막음하지 않고, 어깨핀에 쉼코로 둔다.

* 오른쪽 앞판은 단춧구멍 없이 대칭으로 한 장 더 뜬다.

연결하기

1 겉면이 안쪽으로 가도록 앞판과 뒤판을 포개놓고, 앞뒤 2코 같이 코막음하며 양쪽 어깨 윗부분을 이어준다.

2 겉면이 바깥으로 오도록 앞판과 뒤판을 포개놓고, 돗바늘을 이용해 몸통 옆선과 소매 아랫부분을 이어준다.

3 단추를 달아 완성한다.

TIP 남아 또는 여아인지에 따라 단추 위치가 바뀐다. 여아일 경우 단춧구멍은 왼쪽 앞판에,
남아일 경우 오른쪽 앞판에 만들어줍니다.

• 검은색 표기: **24개월**
• 파란색 표기: **12개월**

뒤판

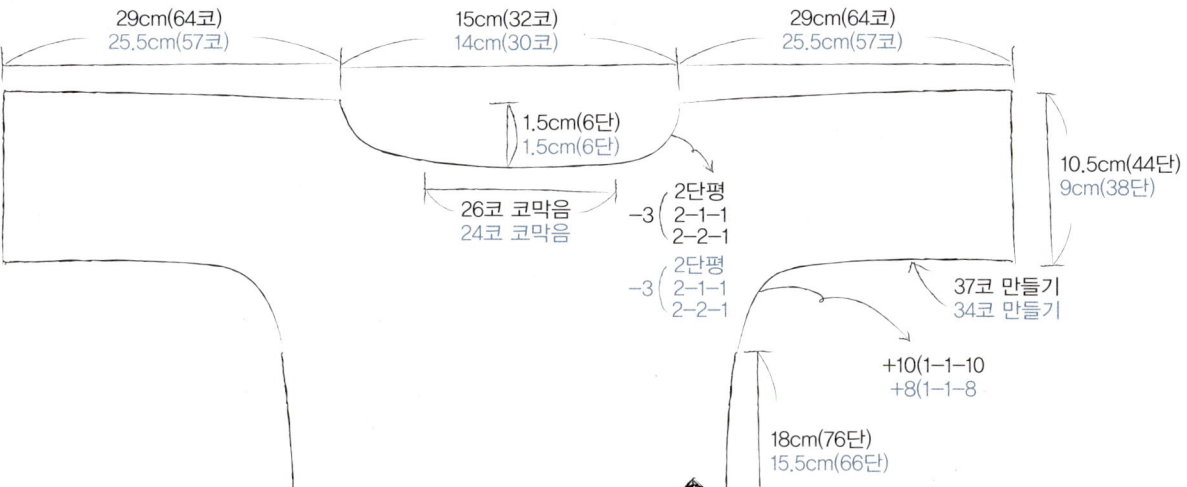

29cm(64코)
25.5cm(57코)

15cm(32코)
14cm(30코)

29cm(64코)
25.5cm(57코)

1.5cm(6단)
1.5cm(6단)

26코 코막음
24코 코막음

10.5cm(44단)
9cm(38단)

−3 (2단평
2-1-1
2-2-1

−3 (2단평
2-1-1
2-2-1

37코 만들기
34코 만들기

+10(1-1-10
+8(1-1-8

18cm(76단)
15.5cm(66단)

30cm(66코)
27cm(60코)

왼쪽 앞판

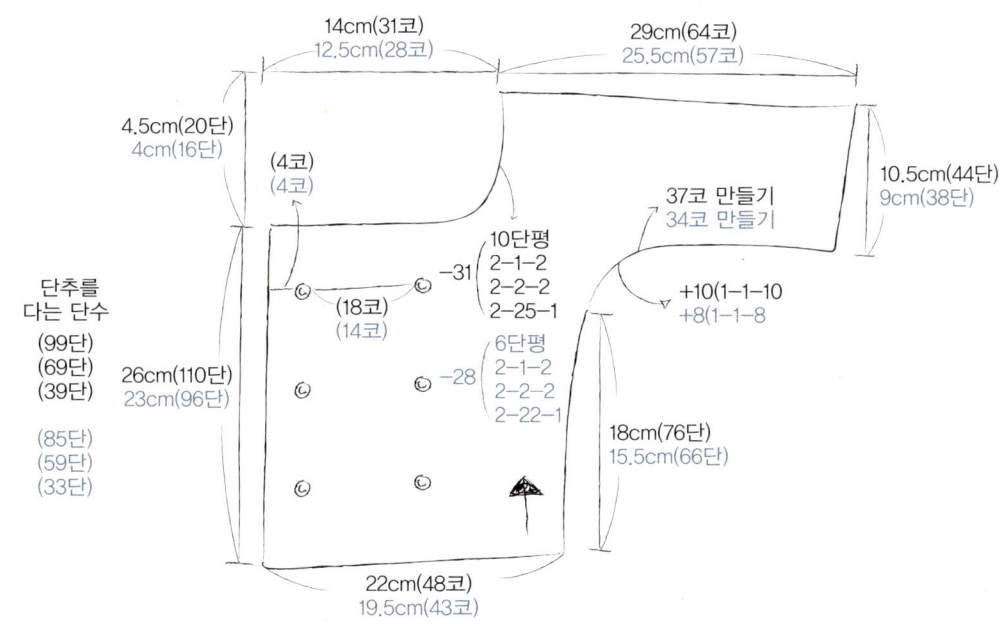

14cm(31코)
12.5cm(28코)

29cm(64코)
25.5cm(57코)

4.5cm(20단)
4cm(16단)

(4코)
(4코)

37코 만들기
34코 만들기

10.5cm(44단)
9cm(38단)

10단평
2-1-2
2-2-2
2-25-1

−31

+10(1-1-10
+8(1-1-8

단추를
다는 단수
(99단)
(69단)
(39단)

(85단)
(59단)
(33단)

26cm(110단)
23cm(96단)

(18코)
(14코)

−28

6단평
2-1-2
2-2-2
2-22-1

18cm(76단)
15.5cm(66단)

22cm(48코)
19.5cm(43코)

157

오른쪽 앞판

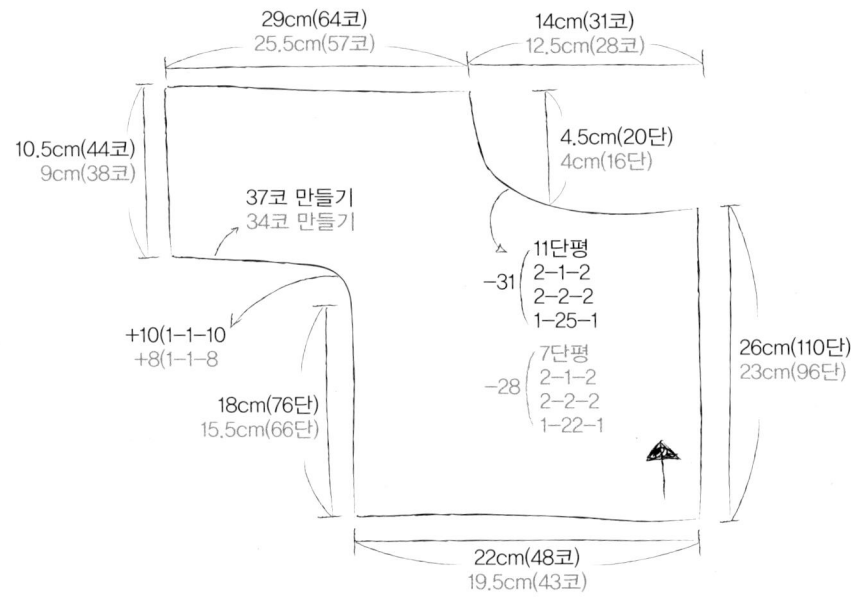

29cm(64코)
25.5cm(57코)

14cm(31코)
12.5cm(28코)

10.5cm(44코)
9cm(38코)

4.5cm(20단)
4cm(16단)

37코 만들기
34코 만들기

11단평
2-1-2
2-2-2
1-25-1
−31

7단평
2-1-2
2-2-2
1-22-1
−28

26cm(110단)
23cm(96단)

+10(1-1-10
+8(1-1-8

18cm(76단)
15.5cm(66단)

22cm(48코)
19.5cm(43코)

14 코튼 프릴 원피스

완성 사이즈 12(24)개월

실 오가닉 면 25g 6(7)볼

바늘 줄대바늘 3mm, 모사용 코바늘 3호

부재료 돗바늘, 단추 15mm 1개, 여분의 실, 어깨핀

게이지 24코 × 30단 메리야스뜨기

도구와 기법 73~111쪽 참조

※ 버킷 모자 도안은 130쪽 참조.

p. 48-51

How To Make

뒤판

1 여분의 실로 3mm 줄대바늘에 90(98)코를 잡는다.

2 이제 본래의 실로 안뜨기부터 시작해 메리야스뜨기로 총 18단을 뜬다.

   겉면이 밖으로 오도록 접어 겹단을 만들며 겉뜨기한다.

3 도안을 참고해서 양쪽 1코 사이의 코를 줄이며 78(86)단 메리야스뜨기를 진행한다.

   (겹단을 만들며 겉뜨기하는 단부터 1단으로 센다.)

4 진동을 도안대로 줄이면서 총 24(28)단을 뜬다.

5 뒤트임을 만드는데, 겉뜨기로 바늘에 걸려있는 코의 반까지만 뜬다. 편물을 돌려서 안뜨기로 돌아온다.

   반대쪽 코는 어깨핀에 걸어 쉼코로 만들어 놓는다.

   이렇게 한쪽 부분만 진행하며 목둘레를 줄인다.

   어깨에 남은 8코는 코막음하지 않고, 어깨핀에 쉼코로 남겨둔다.

   실은 30cm 남기고 자른다.

6 편물 겉면 가운데서부터 실을 새로 연결해 반대쪽 부분도 도안대로 진행한다.

   가운데 부분 코막음하기 전에 코바늘로 사슬뜨기 6코를 만들며 단춧고리를 만들어준다.

   어깨에 남은 8코는 역시 코막음하지 않고, 어깨핀에 걸어 쉼코로 남겨둔다.

   실은 30cm 남기고 자른다.

앞판

1 여분의 실로 3mm 줄대바늘에 90(98)코를 잡는다.

2 이제 본래의 실로 시작, 안뜨기부터 시작해 메리야스뜨기 18단을 뜬다.

   겉면이 밖으로 오도록 접어 겹단을 만들며 겉뜨기한다.

3 도안을 참고해서 양쪽 1코 사이의 코를 줄이며 78(86)단 메리야스뜨기를 진행한다.

   (겹단을 만들며 겉뜨기하는 단부터 1단으로 센다.)

4 진동을 도안대로 줄이면서 총 18(22)단을 뜬다.

5 목둘레 부분을 줄이며 양쪽 어깨에 남은 8코는 코막음하지 않고 쉼코로 남겨둔다.

   실은 30cm 남기고 자른다.

연결하기

1 겉면이 안쪽으로 오도록 앞판과 뒤판을 포개놓는다.

  앞뒤 2코를 잡아 덮어씌우기로 코막음하며 양쪽 어깨를 이어준다.

2 겉면이 바깥으로 오도록 뒤집고, 돗바늘을 이용해 메리야스 잇기로 양옆을 꿰맨다.

프릴 달기

1 왼쪽 앞판 진동 시작의 10단 윗부분부터 새로 실을 연결한다.

  3mm 줄대바늘로 네 단에 3코 줍는다.

  뒤쪽으로 넘어가서 같은 지점까지 진행한다.

2 마지막에 2코가 남을 때까지 1코를 앞뒤로 떠서 2코로 늘린다.

  안뜨기 1코 뜨고 되돌아뜨기한다.

3 마지막에 2코가 남을 때까지 겉뜨기하고 되돌아뜨기한다.

4 되돌아뜨기 1코 전까지 안뜨기하고 되돌아뜨기한다.

5 되돌아뜨기 1코 전까지 겉뜨기하고 되돌아뜨기한다.

  * 과정 4-5를 1세트로 보고 총 5회 더 반복한다.

6 되돌아뜨기 부분 코를 같이 주우면서 단을 정리한다.

  끝까지 겉뜨기한다. 이때 앞뒤로 떠서 코 늘리기를 총 12번 고르게 들어가도록 한다.

7 되돌아뜨기 부분 코를 같이 주워가며 단을 정리하며 끝까지 겉뜨기를 한 번 더 한다.

8 겉뜨기로만 3단 더 뜨고 코막음한다.

9 양쪽 끝에 남은 실로 프릴의 가장자리를 예쁘게 잡아 정리한다.

10 뒷면에 단추를 달아 완성한다.

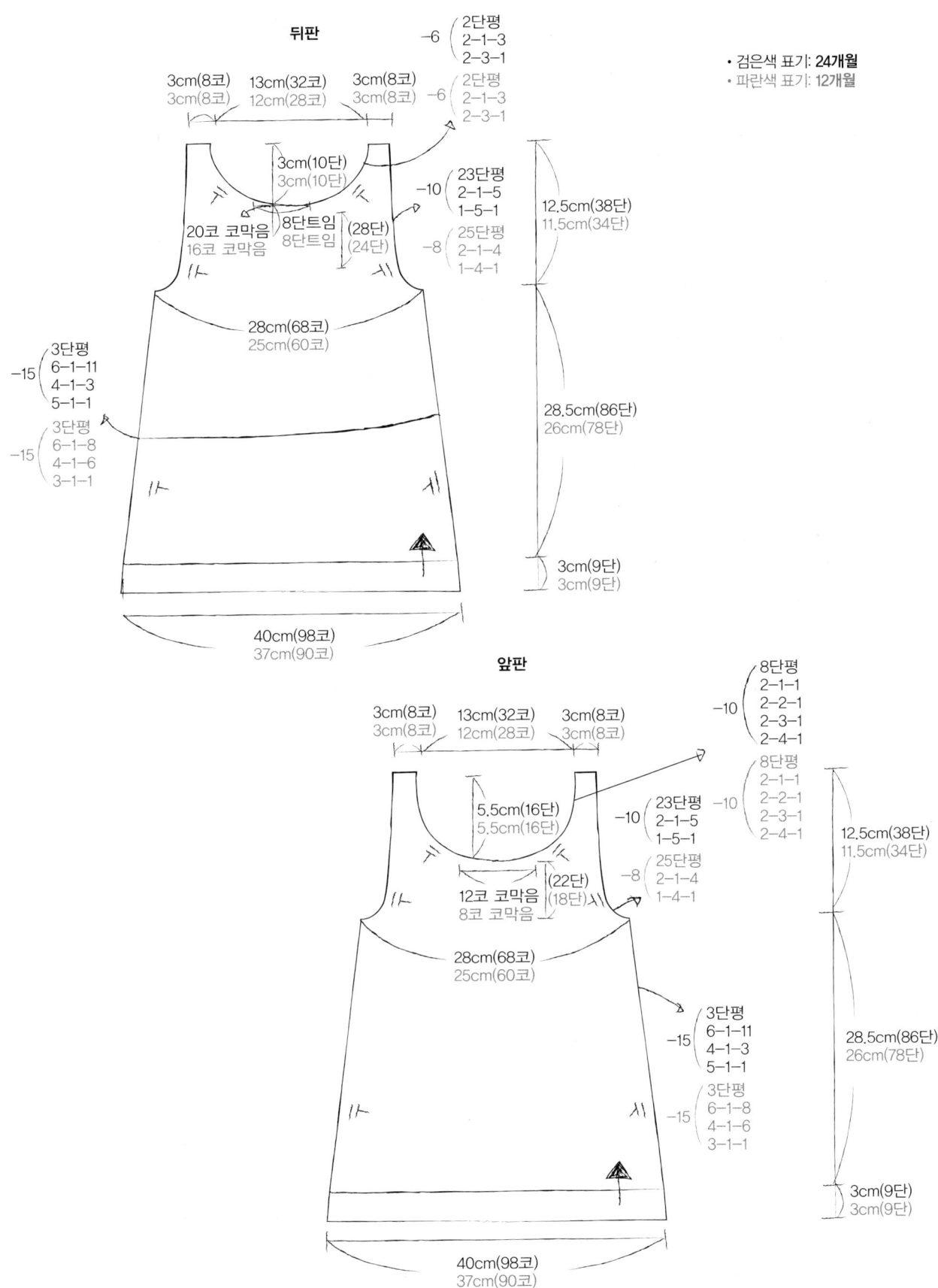

뒤판

-6 ⎧ 2단평
    ⎨ 2-1-3
    ⎩ 2-3-1

-6 ⎧ 2단평
    ⎨ 2-1-3
    ⎩ 2-3-1

3cm(8코)　13cm(32코)　3cm(8코)
3cm(8코)　12cm(28코)　3cm(8코)

3cm(10단)
3cm(10단)

-10 ⎧ 23단평
     ⎨ 2-1-5
     ⎩ 1-5-1

-8 ⎧ 25단평
    ⎨ 2-1-4
    ⎩ 1-4-1

12.5cm(38단)
11.5cm(34단)

8단트임　(28단)
8단트임　(24단)

20코 코막음
16코 코막음

28cm(68코)
25cm(60코)

-15 ⎧ 3단평
     ⎪ 6-1-11
     ⎨ 4-1-3
     ⎩ 5-1-1

-15 ⎧ 3단평
     ⎪ 6-1-8
     ⎨ 4-1-6
     ⎩ 3-1-1

28.5cm(86단)
26cm(78단)

3cm(9단)
3cm(9단)

40cm(98코)
37cm(90코)

• 검은색 표기: **24개월**
• 파란색 표기: 12개월

앞판

-10 ⎧ 8단평
     ⎪ 2-1-1
     ⎨ 2-2-1
     ⎪ 2-3-1
     ⎩ 2-4-1

-10 ⎧ 8단평
     ⎪ 2-1-1
     ⎨ 2-2-1
     ⎪ 2-3-1
     ⎩ 2-4-1

3cm(8코)　13cm(32코)　3cm(8코)
3cm(8코)　12cm(28코)　3cm(8코)

5.5cm(16단)
5.5cm(16단)

-10 ⎧ 23단평
     ⎨ 2-1-5
     ⎩ 1-5-1

-8 ⎧ 25단평
    ⎨ 2-1-4
    ⎩ 1-4-1

12.5cm(38단)
11.5cm(34단)

12코 코막음　(22단)
8코 코막음　(18단)

28cm(68코)
25cm(60코)

-15 ⎧ 3단평
     ⎪ 6-1-11
     ⎨ 4-1-3
     ⎩ 5-1-1

-15 ⎧ 3단평
     ⎪ 6-1-8
     ⎨ 4-1-6
     ⎩ 3-1-1

28.5cm(86단)
26cm(78단)

3cm(9단)
3cm(9단)

40cm(98코)
37cm(90코)

15 스트라이프 래글런 스웨터(a)

완성 사이즈 12(24)개월

실 짧은 앙고라 흰색 100g 1(1)볼, 빨간색 100g 1(1)볼

바늘 줄대바늘 3.5mm, 4mm, 모사용 코바늘 5호

부재료 돗바늘, 15mm 단추 1개, 어깨핀

게이지 22코 × 29단 메리야스뜨기

도구와 기법 73~111쪽 참조

p. 52-55

How To Make

뒤판

1 흰색 실을 이용하여 3.5mm 줄대바늘로 60(66)코를 잡아 겉뜨기만 6(6)단 뜬다.

2 이제 4mm 줄대바늘을 사용, 겉뜨기 단부터 시작해서 메리야스뜨기로 44(50)단 진행한다.
  이때 흰색 4단, 빨간색 2단 스트라이프 패턴을 반복한다.

3 도안을 참고해 양쪽 진동을 줄이며 20(22)단을 메리야스뜨기로 진행한다.

4 단추 트임을 위해 반씩 나누어서 진행한다. 겉뜨기로 바늘에 걸려있는 코의 반까지만 뜬다.
  편물을 돌려 안뜨기로 돌아온다.
  반대쪽 코는 어깨핀에 걸어 쉼코로 만든다.

* 이렇게 한쪽만 8(8)단 더 진행한다. 이때 여전히 스트라이프 패턴도 유지하고
  가장자리에 1코가 줄어드는 것도 잊지 않는다.

5 한쪽 바늘에 걸린 12(14)코를 코막음한다.

6 반대쪽을 진행한다. 가운데서 실을 새로 연결해 반대쪽과 대칭으로 작업한다.

7 남은 12(14)코를 모두 코막음한다.

앞판

1 흰색 실을 이용하여 3.5mm 줄대바늘로 60(66)코를 잡아 겉뜨기만 6(6)단 뜬다.

2 이제 4mm 줄대바늘을 사용, 겉뜨기 단부터 시작해서 메리야스뜨기로 44(50)단 진행한다.
  이때 흰색 4단, 빨간색 2단 스트라이프 패턴을 반복한다.

3 도안을 참고해 양쪽 진동과 목둘레를 줄이며 24(26)단을 메리야스뜨기로 진행한다.

4 남은 2코를 모두 코막음한다.

소매

1 흰색 실을 이용하여 3.5mm 줄대바늘로 38(44)코를 잡아 겉뜨기만 6(6)단 뜬다.

2 이제 4mm 줄대바늘을 사용, 겉뜨기 단부터 시작해서 메리야스뜨기로 44(50)단 진행한다.

　이때 흰색 4단, 빨간색 2단 스트라이프 패턴을 반복한다.

3 도안을 참고해 양쪽 진동을 줄이며 30(32)단을 메리야스뜨기로 진행한다.

4 나머지 2코는 코막음한다.

* 대칭이 되도록 소매를 한 장 더 뜬다.

연결하기

1 겉뜨기 면이 바깥으로 오도록 앞판과 뒤판을 포개놓고, 돗바늘을 이용하여 옆선을 이어준다.

2 겉뜨기 면이 바깥으로 오도록 소매를 반 접고, 돗바늘로 옆선을 이어준다.

3 소매와 몸통을 돗바늘로 이어준다.

목둘레 코줍기

1 3.5mm 줄대바늘을 이용해 왼쪽 뒤판 목둘레에서 코를 줍는다. 겉뜨기 5단 진행 후 코막음한다.

2 코막음했던 실을 자르지 않고 그대로 코바늘로 사슬뜨기 8코를 뜬다. 목둘레를 시작한 부분과 연결시켜 단춧고리를 만든다.

3 단추를 달아 마무리한다.

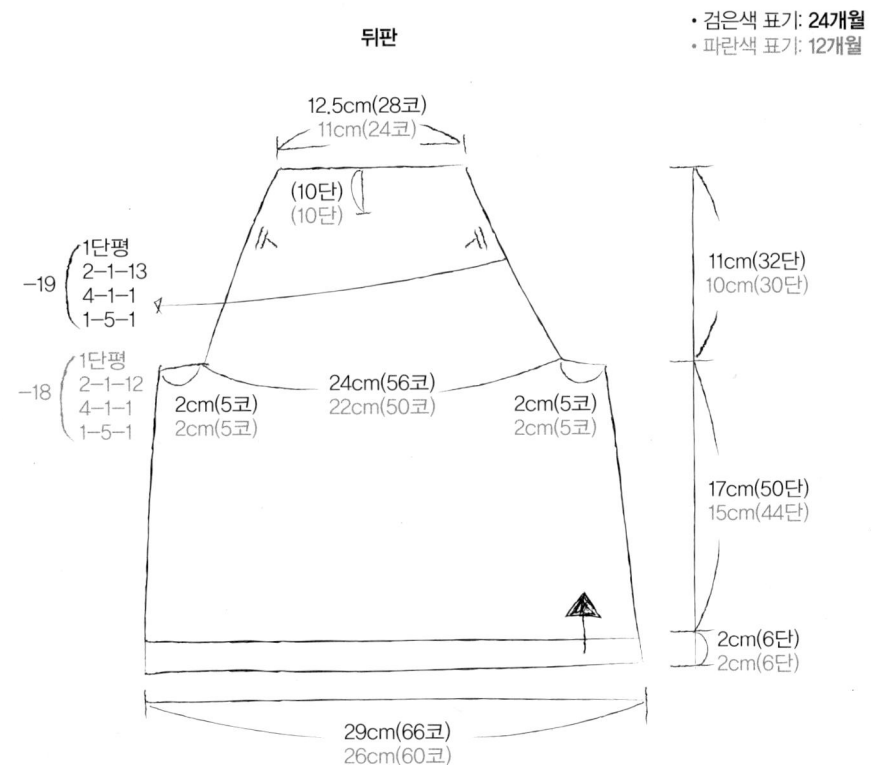

뒤판

• 검은색 표기: **24개월**
• 파란색 표기: 12개월

앞판

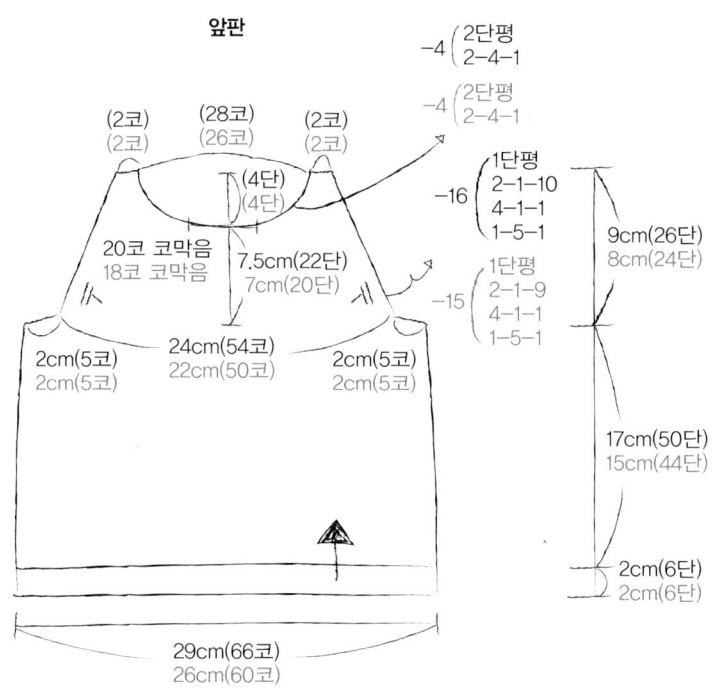

-4 $\begin{pmatrix} 2단평 \\ 2-4-1 \end{pmatrix}$

-4 $\begin{pmatrix} 2단평 \\ 2-4-1 \end{pmatrix}$

(2코) (28코) (2코)
(2코) (26코) (2코)

(4단)
(4단)

-16 $\begin{pmatrix} 1단평 \\ 2-1-10 \\ 4-1-1 \\ 1-5-1 \end{pmatrix}$

9cm(26단)
8cm(24단)

20코 코막음   7.5cm(22단)
18코 코막음   7cm(20단)

-15 $\begin{pmatrix} 1단평 \\ 2-1-9 \\ 4-1-1 \\ 1-5-1 \end{pmatrix}$

24cm(54코)
22cm(50코)

2cm(5코)   2cm(5코)
2cm(5코)   2cm(5코)

17cm(50단)
15cm(44단)

2cm(6단)
2cm(6단)

29cm(66코)
26cm(60코)

소매
(대칭이 되도록 한 장 더 뜬다)

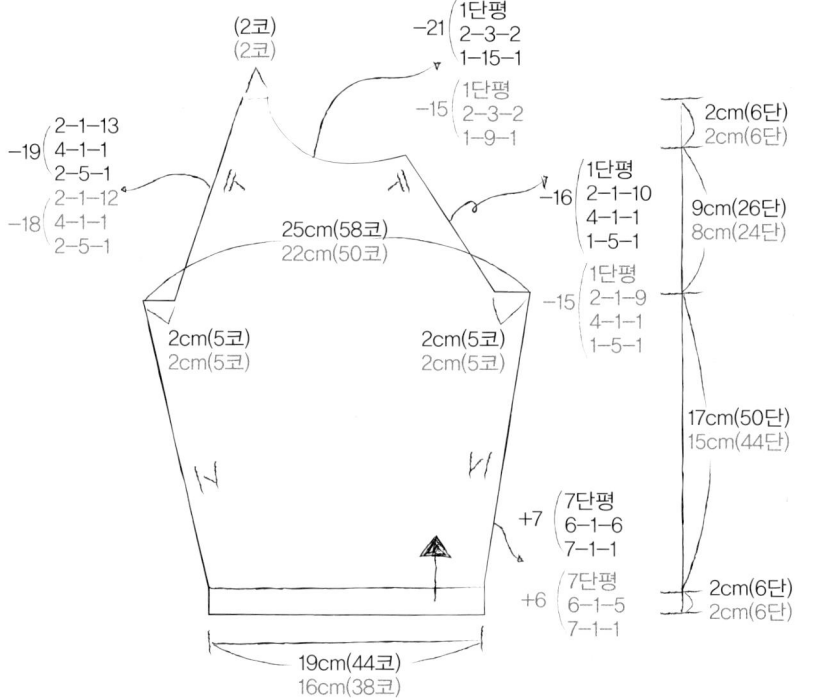

(2코)
(2코)

-21 $\begin{pmatrix} 1단평 \\ 2-3-2 \\ 1-15-1 \end{pmatrix}$

-15 $\begin{pmatrix} 1단평 \\ 2-3-2 \\ 1-9-1 \end{pmatrix}$

2cm(6단)
2cm(6단)

-19 $\begin{pmatrix} 2-1-13 \\ 4-1-1 \\ 2-5-1 \end{pmatrix}$

-18 $\begin{pmatrix} 2-1-12 \\ 4-1-1 \\ 2-5-1 \end{pmatrix}$

-16 $\begin{pmatrix} 1단평 \\ 2-1-10 \\ 4-1-1 \\ 1-5-1 \end{pmatrix}$

9cm(26단)
8cm(24단)

25cm(58코)
22cm(50코)

-15 $\begin{pmatrix} 1단평 \\ 2-1-9 \\ 4-1-1 \\ 1-5-1 \end{pmatrix}$

2cm(5코)   2cm(5코)
2cm(5코)   2cm(5코)

17cm(50단)
15cm(44단)

+7 $\begin{pmatrix} 7단평 \\ 6-1-6 \\ 7-1-1 \end{pmatrix}$

+6 $\begin{pmatrix} 7단평 \\ 6-1-5 \\ 7-1-1 \end{pmatrix}$

2cm(6단)
2cm(6단)

19cm(44코)
16cm(38코)

15 ▽ 폼폼 머플러(b)

완성 사이즈 Free size(12~24개월)

실 짧은 앙고라 100g 1볼

바늘 대바늘 4mm

부재료 돗바늘, 폼폼 1쌍, 여분의 실

게이지 22코 × 29단 메리야스뜨기

도구와 기법 73~111쪽 참조

p. 52-55

How To Make

1 여분의 실을 사용하며 4mm 대바늘에 50코를 잡는다.

2 앙고라 실을 새로 연결해, 겉뜨기 단부터 메리야스뜨기로 총 232단 진행한다.

3 옆선 꿰맬 길이까지 생각해서 실을 1.5m 정도 길게 자른다.

   돗바늘에 실을 꿴 후, 끝코부터 시작해서 모든 코를 원형으로 2~3번 통과시킨 후 꽉 잡아당겨 오므린다.

4 겉면이 바깥으로 오도록 세로로 접고, 돗바늘로 옆선을 꿰맨다.

5 첫 단을 떴던 부분으로 돌아가서 실 끝을 돗바늘에 꿰어 한 코씩 통과시킨다.

   처음 코를 잡았던 여분의 실은 모두 잘라낸다.

6 돗바늘이 통과한 모든 코를 꽉 잡아당겨 오므린다.

7 양쪽 끝에 폼폼을 만들어 달아준다.

TIP 간단히 콧수와 단수를 바꾸는 것만으로 얼마든지 너비와 길이를 조절할 수 있어요.
배색을 넣거나 폼폼 색깔을 바꿔도 좋습니다.

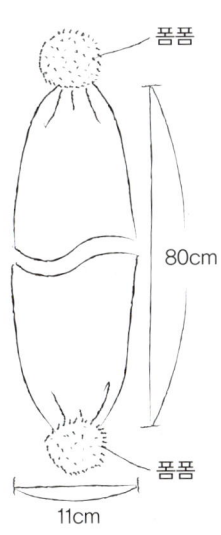

16 어깨 단추 베스트(a)

완성 사이즈 12(24)개월

실 캐시미어 흰색 100g 1(1)볼, 민트색 50 g 1(1)볼

바늘 줄대바늘 3mm, 3.5mm, 장갑바늘 3mm 4개

부재료 돗바늘, 12mm 단추 2개, 어깨핀

게이지 24코 × 35단 메리야스뜨기

도구와 기법 73~111쪽 참조

p. 56-58

How To Make

뒤판

1 3.5mm 줄대바늘에 흰색 실로 64(70)코를 잡는다.

　겉뜨기 2코부터 시작해 1코 고무뜨기로 총 12(14)단 진행한다.

2 겉뜨기 단부터 메리야스뜨기로 52(56)단 진행한다.

3 도안을 참고하여 양쪽 진동과 목둘레를 줄이며 메리야스뜨기 52(56)단을 진행한다.

4 오른쪽 어깨 6(6)코는 어깨핀에 쉼코로 놔두고 왼쪽 어깨 6(6)코는 코막음한다.

앞판

1 3.5mm 줄대바늘에 흰색 실로 64(70)코를 잡는다. 겉뜨기 2코부터 시작해 1코 고무뜨기로 총 12(14)단 진행한다.

2 도안을 참고하여 민트색 실로 스트라이프 배색을 넣으며, 겉뜨기 단부터 메리야스뜨기 52(56)단을 진행한다.

3 도안을 참고하여 양쪽 진동과 목둘레를 줄이며 메리야스뜨기 52(56)단을 진행한다.

4 오른쪽 어깨 6(6)코는 어깨핀에 쉼코로 놔두고 왼쪽 어깨는 6(6)코는 코막음한다.

연결하기

1 겉면이 안쪽으로 가도록 포개놓는다.

　오른쪽 어깨 부분의 앞판과 뒤판의 코를 같이 잡아 덮어씌우며 코막음한다.

2 겉면이 바깥으로 오게 포개놓고, 돗바늘을 사용하여 옆선을 이어준다.

목둘레에서 코줍기

1 3mm 줄대바늘로 앞판 왼쪽 어깨 부분부터 시작해 뒤판 어깨 부분까지 홀수로 코를 줍는다.

　시작할 때 1코를 대바늘에 미리 만들어 놓고, 끝날 때 감아코로 1코를 추가한다.

2 겉에서 봤을 때 양쪽 끝이 겉뜨기 1코가 되도록 1코 고무뜨기를 시작한다. 7단 진행 후 마무리한다.

오른쪽 진동에서 코줍기

1 3mm 장갑바늘 3개로 진동 아랫부분에서부터 짝수로 코를 줍는다.

2 원형뜨기로 진행, 겉뜨기 1코부터 시작해 1코 고무뜨기로 7단 진행하고 마무리한다.

왼쪽 진동에서 코줍기

1 3mm 줄대바늘로 뒤판 어깨 부분부터 앞판 어깨 부분까지 홀수로 코를 줍는다.

　 시작할 때 1코를 대바늘에 미리 만들어 놓고, 끝날 때 감아코로 1코를 추가한다.

2 겉에서 봤을 때 양쪽 끝이 겉뜨기 1코가 되도록 1코 고무뜨기를 시작한다.

　 7단 진행 후 마무리한다.

뒤판 왼쪽 어깨 부분 코줍기

1 어깨 부분을 가로지르며 총 19코를 줍는다.

2 1코 고무단뜨기를 7단 뜨고 마무리하는데, 겉면에서 양쪽 끝코는 겉뜨기 2코가 되도록 한다.

앞판 왼쪽 어깨 부분 코줍기

1 어깨 부분을 가로지르며 총 19코를 줍는다.

2 1코 고무단뜨기를 3단 뜨고, 단춧구멍을 만든다. 겉면에서 양쪽 끝코는 겉뜨기 2코가 되도록 한다.

3 4단째 도안을 참고하여 단춧구멍을 만들고, 고무뜨기 3단 더 진행한다.

4 코막음하며 마무리한다.

뒤판

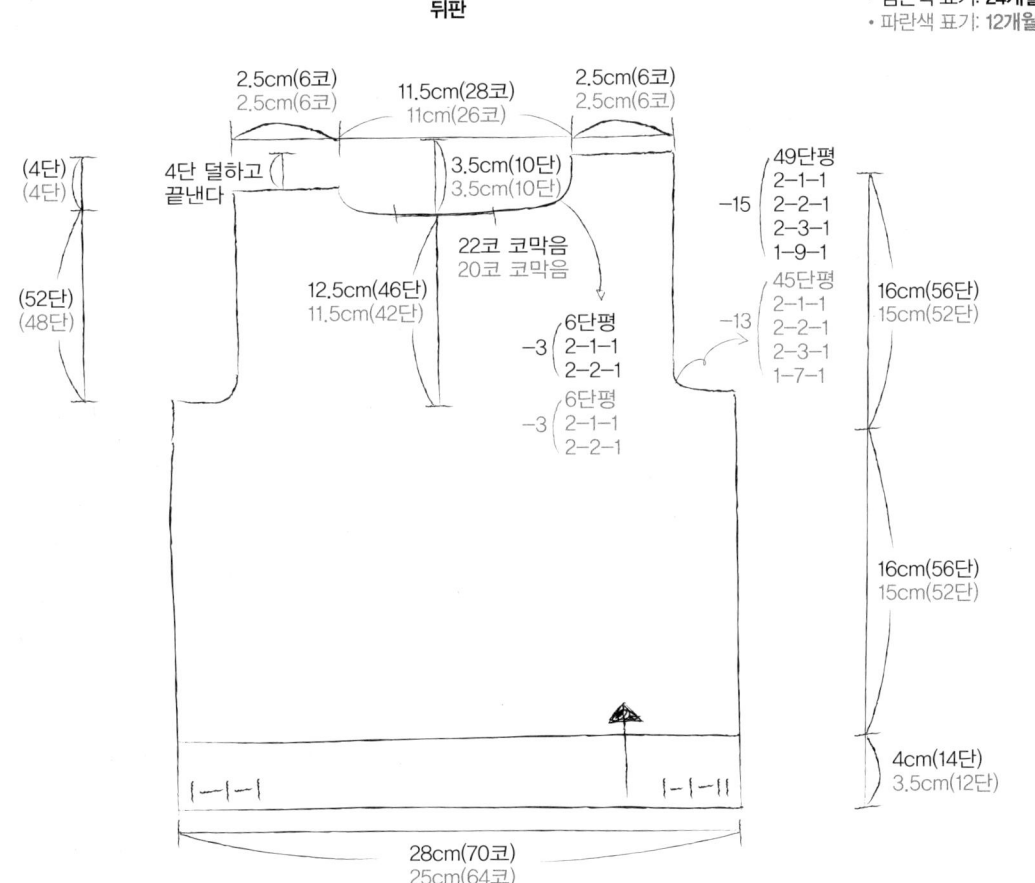

• 검은색 표기: **24개월**
• 파란색 표기: **12개월**

앞판

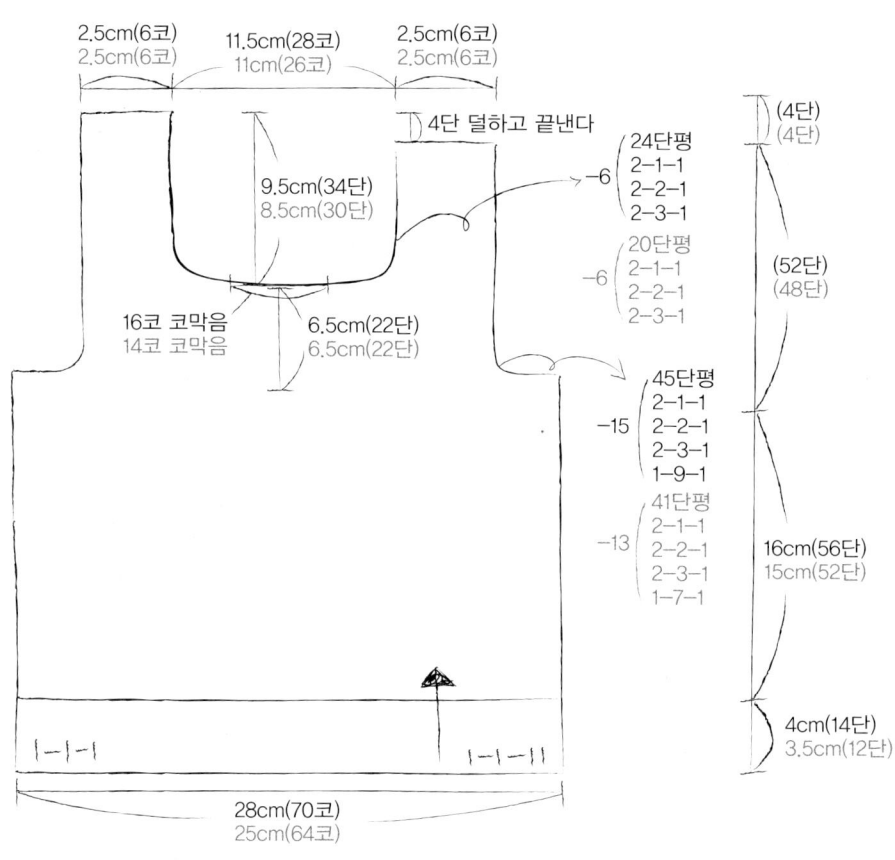

2.5cm(6코)
2.5cm(6코)

11.5cm(28코)
11cm(26코)

2.5cm(6코)
2.5cm(6코)

4단 덜하고 끝낸다

(4단)
(4단)

24단평
2-1-1
2-2-1
2-3-1

−6

9.5cm(34단)
8.5cm(30단)

20단평
2-1-1
2-2-1
2-3-1

−6

(52단)
(48단)

16코 코막음
14코 코막음

6.5cm(22단)
6.5cm(22단)

45단평
2-1-1
2-2-1
2-3-1
1-9-1

−15

41단평
2-1-1
2-2-1
2-3-1
1-7-1

−13

16cm(56단)
15cm(52단)

ㅣ─ㅣ─ㅣ

ㅣ─ㅣ─ㅣㅣ

4cm(14단)
3.5cm(12단)

28cm(70코)
25cm(64코)

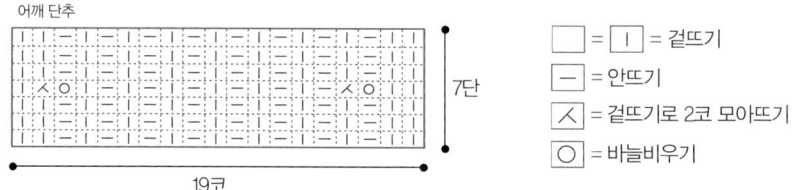

어깨 단추

7단

19코

□ = ㅣ = 겉뜨기

─ = 안뜨기

人 = 겉뜨기로 2코 모아뜨기

O = 바늘비우기

앞판

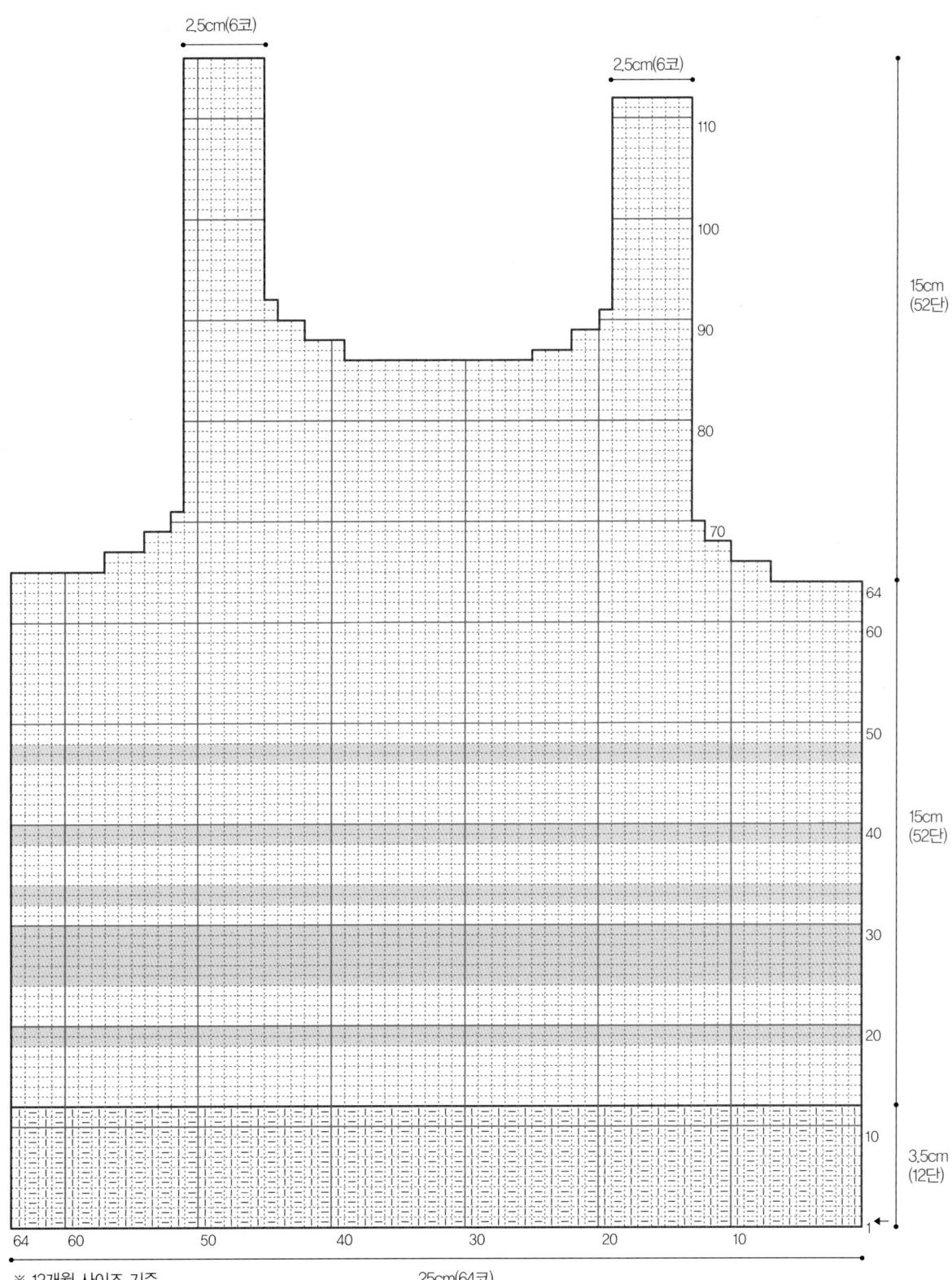

2.5cm(6코)

2.5cm(6코)

110

100

90

80

70

64

60

50

40

30

20

15cm
(52단)

15cm
(52단)

10

3.5cm
(12단)

1

64 60 50 40 30 20 10

※ 12개월 사이즈 기준

25cm(64코)

16 폼폼 미니 백(b)

완성 사이즈 가로 11cm × 세로 11cm

실 아이코드 50g 1볼

바늘 줄대바늘 7mm, 모사용 코바늘 10호

부재료 돗바늘, 폼폼

게이지 11코 × 14단 메리야스뜨기

도구와 기법 73~111쪽 참조

p. 56-57, 59

How To Make

1 7mm 줄대바늘에 14코를 잡고, 안뜨기 단부터 메리야스뜨기로 총 7단 뜬다.

2 안뜨기부터 메리야스뜨기 28단 진행한다.

3 겉뜨기부터 메리야스뜨기 8단 진행한다.

4 겉뜨기 면에서 코막음하고 실을 자른다.

5 반으로 접고, 편물을 돗바늘로 옆선을 꿰맨다.

6 코바늘로 사슬뜨기 50cm를 해서 양쪽에 끈을 달아준다.

7 가방에 폼폼을 달아 마무리한다.

TIP 가방 안쪽에 작은 똑딱이 단추나 벨크로를 붙여도 좋아요.

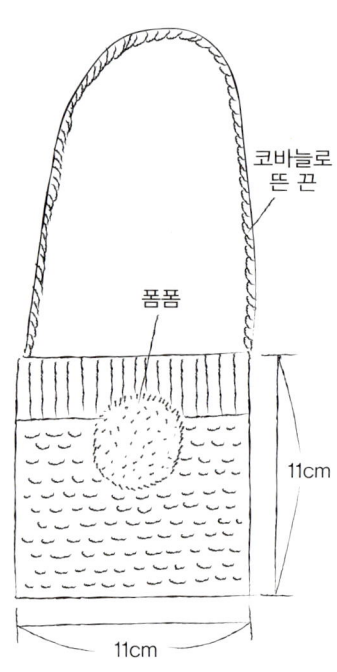

코바늘로
뜬 끈

폼폼

11cm

11cm

17 청키 베스트

완성 사이즈 12(24)개월

실 울 혼방 100g 3볼(4볼)

바늘 줄대바늘 9mm

부재료 돗바늘, 리본 끈, 어깨핀

게이지 6코 × 16단 가터뜨기

도구와 기법 73~111쪽 참조

p. 60-61

How To Make

1 9mm 줄대바늘로 44(52)코 잡아 겉뜨기로만 20(26)단을 뜬다.

2 오른쪽 어깨 부분 10(12)코만 편물을 앞뒤로 돌리며 20(24)단을 겉뜨기로 뜬다. 남은 4(4)코를 어깨핀에 쉼코로 남긴다.
도안을 참고하여 진동과 목둘레 줄이는 것도 잊지 않는다.

3 새로 실을 연결해 코막음으로 진동 부분을 막으면서 등쪽을 진행한다. 도안대로 20(24)단 겉뜨기 진행 후 남은
양쪽의 어깨 부분 4(4)코를 어깨핀에 쉼코로 남긴다. 도안을 참고하여 진동과 목둘레 줄이는 것도 잊지 않는다.

4 새로 실을 연결해 코막음으로 진동 부분을 막으며 왼쪽 어깨 부분을 진행한다. 도안대로 20(24)단 겉뜨기 후
남은 어깨 부분 4(4)코를 쉼코로 남긴다. 도안을 참고하여 진동과 목둘레 줄이는 것도 잊지 않는다.

5 겉면이 서로 만나도록 겹친 후 쉼코로 남겨두었던 어깨 부분을 같이 잡아 코막음하며 잇는다.

6 앞에 리본 끈이나 단추를 달아 마무리한다.

TIP 겉뜨기만 반복하는 가터뜨기를 할 때 가장자리를 매끈하게 하는 방법
첫코부터 쭉 겉뜨기하다가 맨 마지막 코에서는 실을 앞으로 가져와 안뜨기하듯이 그냥 뺀다. 다음 줄도 첫코부터 겉뜨기하다가 맨 마지막 코에서만
실을 앞으로 가져와 안뜨기하듯이 그냥 뺀다. 이렇게 하면 가터뜨기의 가장자리에 V자 모양이 생기며 매끈하게 만들 수 있다.

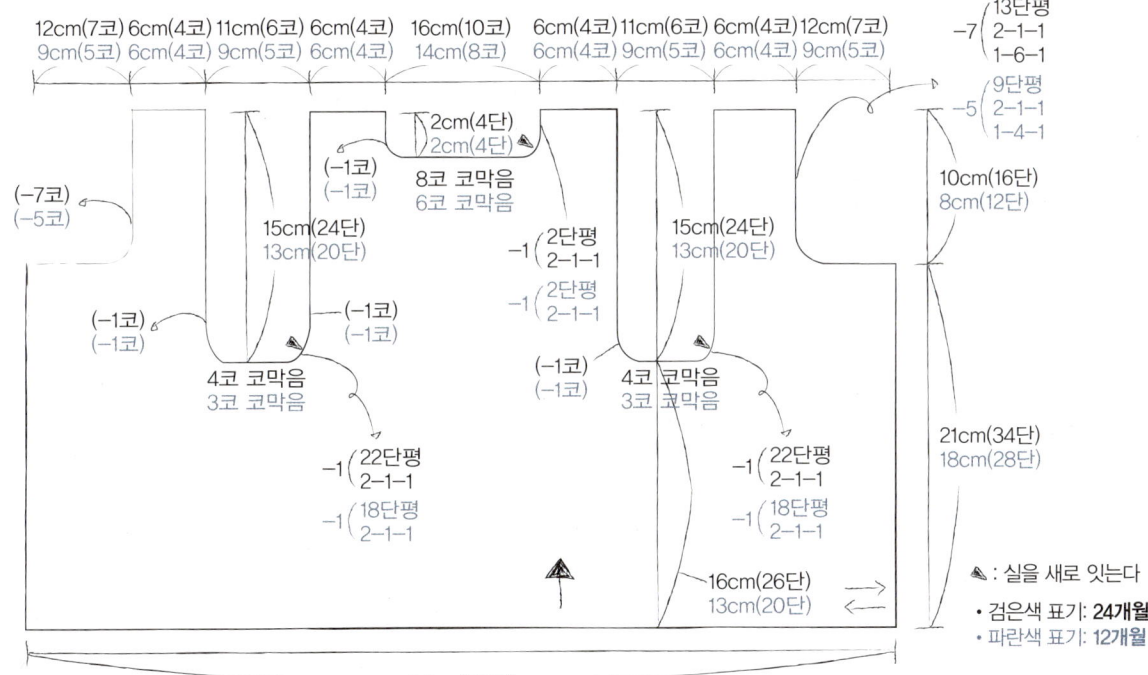

18 팝콘 래글런 스웨터(a)

완성 사이즈 12(24)개월

실 울 아이보리색 50g 3(3)볼, 검은색(팝콘) 50g 1(1)볼

바늘 대바늘 3mm, 장갑바늘 3mm 4개

부재료 돗바늘

게이지 25코 × 32단 메리야스뜨기

도구와 기법 73~111쪽 참조

p. 62-63

How To Make

뒤판

1   3mm 대바늘을 사용하여 68(74)코를 잡는다. 겉뜨기 2코부터 시작, 1코 고무뜨기를 총 12(12)단 뜬다.

2   겉뜨기 단부터 시작, 메리야스뜨기로 44(52)단 진행한다.

3   도안을 참고하여 양쪽 진동을 줄이며 34(36)단 진행한다.

4   대바늘에 남아있는 38(40)코를 코막음한다.

앞판

1   3mm 대바늘을 사용하여 68(74)코를 잡는다. 겉뜨기 2코부터 시작, 1코 고무뜨기를 총 12(12)단 뜬다.

2   겉뜨기 단부터 시작, 메리야스뜨기로 44(52)단 진행한다. 도안을 참고하여 중간 중간 팝콘뜨기 무늬를 넣는다.

* 초보의 경우 쓰던 실을 그대로 팝콘뜨기를 추천하며, 색을 바꾸고 싶은 경우 무늬뜨기할 때만 새로운 실을 연결한다.

3   도안을 참고하여 양쪽 진동과 목둘레를 동시에 줄이며 34(36)단 진행한다.

4   대바늘에 남아있는 2(2)코를 코막음한다.

소매

1   3mm 대바늘을 사용하여 42(48)코를 잡는다. 겉뜨기 2코부터 시작, 1코 고무뜨기를 10(10)단 뜬다.

2   겉뜨기 단부터 시작, 메리야스뜨기로 48(54)단 진행하여 양쪽을 도안대로 늘린다. 동시에 팝콘 뜨기 무늬도 진행한다.

3   도안을 참고하여 양쪽 진동을 줄이며 34(36)단 진행한다.

4   대바늘에 남아있는 24(28)코를 코막음한다.

* 대칭이 되도록 한 장 더 뜬다.

연결하기

1   겉뜨기 면이 바깥으로 오도록 앞판과 뒤판을 포개놓고, 돗바늘로 옆선을 이어준다.

2   겉뜨기 면이 바깥으로 오도록 소매를 반 접고, 돗바늘로 옆선을 이어준다.

3   소매와 몸통을 돗바늘로 이어준다.

목둘레 코줍기

1   3mm 장갑바늘을 이용해 왼쪽 뒤판 어깨 이음 부분부터 짝수로 코를 줍는다.
    1코 고무뜨기 10단을 원형뜨기로 진행 후 코막음한다.

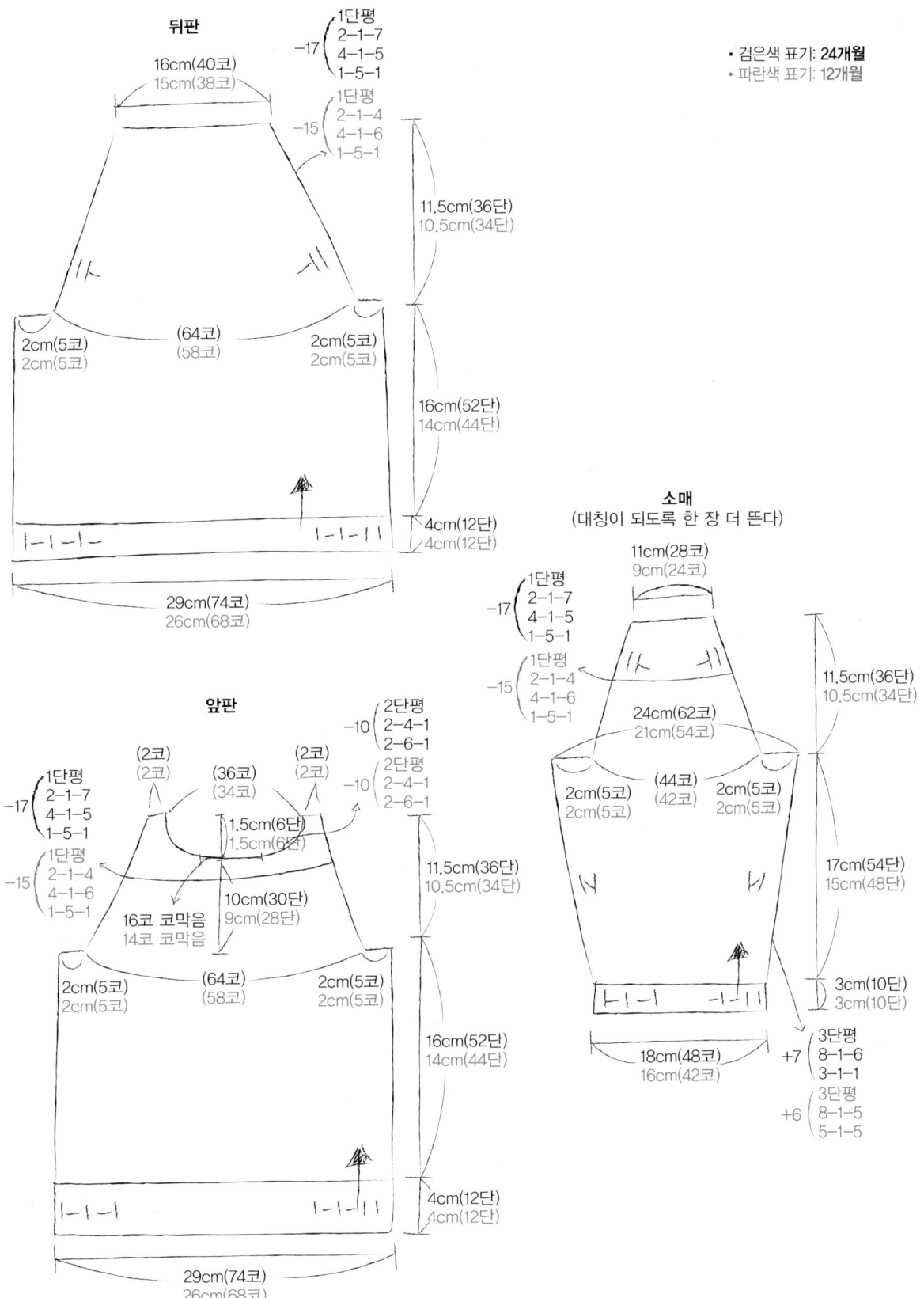

뒤판

16cm(40코)
15cm(38코)

−17 1단평
2−1−7
4−1−5
1−5−1

−15 1단평
2−1−4
4−1−6
1−5−1

11.5cm(36단)
10.5cm(34단)

2cm(5코)
2cm(5코)

(64코)
(58코)

2cm(5코)
2cm(5코)

16cm(52단)
14cm(44단)

4cm(12단)
4cm(12단)

29cm(74코)
26cm(68코)

• 검은색 표기: **24개월**
• 파란색 표기: 12개월

앞판

1단평
2−1−7
4−1−5
1−5−1
−17

−15 1단평
2−1−4
4−1−6
1−5−1

(2코)
(2코)

(36코)
(34코)

(2코)
(2코)

−10 2단평
2−4−1
2−6−1

−10 2단평
2−4−1
2−6−1

1.5cm(6단)
1.5cm(6단)

10cm(30단)
9cm(28단)

16코 코막음
14코 코막음

11.5cm(36단)
10.5cm(34단)

2cm(5코)
2cm(5코)

(64코)
(58코)

2cm(5코)
2cm(5코)

16cm(52단)
14cm(44단)

4cm(12단)
4cm(12단)

29cm(74코)
26cm(68코)

소매
(대칭이 되도록 한 장 더 뜬다)

11cm(28코)
9cm(24코)

−17 1단평
2−1−7
4−1−5
1−5−1

−15 1단평
2−1−4
4−1−6
1−5−1

11.5cm(36단)
10.5cm(34단)

24cm(62코)
21cm(54코)

2cm(5코)
2cm(5코)

(44코)
(42코)

2cm(5코)
2cm(5코)

17cm(54단)
15cm(48단)

3cm(10단)
3cm(10단)

18cm(48코)
16cm(42코)

+7 3단평
8−1−6
3−1−1

+6 3단평
8−1−5
5−1−5

앞판

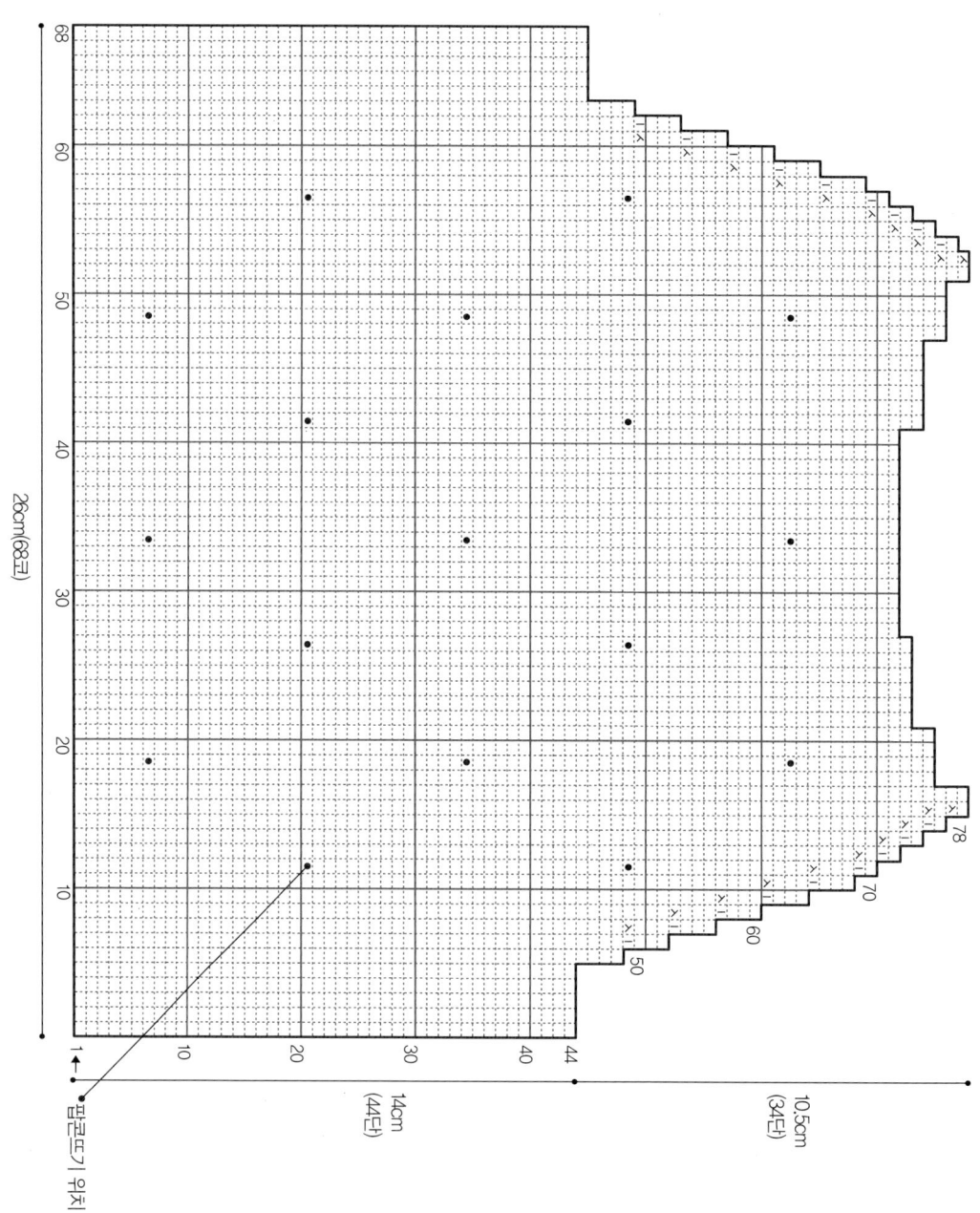

※ 12개월 사이즈 도안

소매

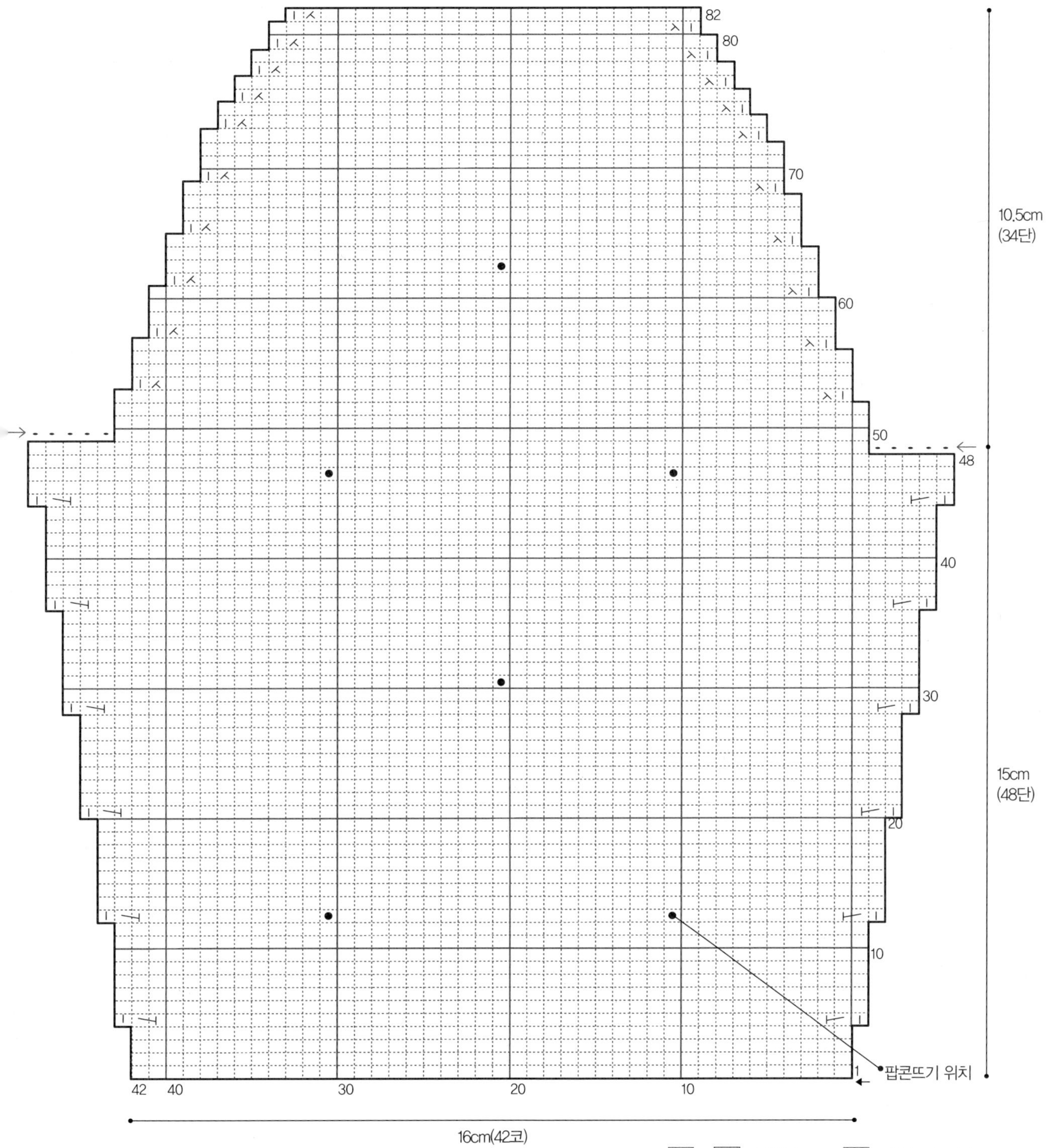

10.5cm
(34단)

15cm
(48단)

82
80

70

60

50
48

40

30

20

10

1

팝콘뜨기 위치

16cm(42코)

42 40　　30　　20　　10

□ = 　I　 = 겉뜨기　　　　Ⅴ = 오른코 늘리기

─ = 안뜨기　　　　　　　• = 코막음

Ⅴ = 왼코 늘리기

18 # 니트 스커트(b)

완성 사이즈 12(24)개월

실 울 아이보리색 50g 2(3)볼

바늘 줄대바늘 3mm, 장갑바늘 3mm 2개

부재료 돗바늘

게이지 25코 × 32단 메리야스뜨기

도구와 기법 73~111쪽 참조

p. 62-63

How To Make

1   3mm 줄대바늘로 162(182)코 잡는다.

2   겉뜨기 2코, 안뜨기 2코를 반복한 2코 고무뜨기로 총 20(22)단 뜬다.

3   겉뜨기로 2코 모아뜨기를 반복해서 81(91)코로 만든다.

4   도안을 참고하여 양쪽 끝 1코 안쪽을 줄이며, 겉뜨기 단부터 시작해 메리야스뜨기로 총 32(38)단을 뜬다. (71/79코)

5   리본 끈 넣을 구멍을 만든다.

12개월: 겉뜨기 7코, 실 앞으로 가져와 겉뜨기로 2코 모아뜨기, 겉뜨기 9코, 실 앞으로 가져와 겉뜨기로 2코 모아뜨기,
겉뜨기 9코, 실 앞으로 가져와 겉뜨기로 2코 모아뜨기, 겉뜨기 10코, 실 앞으로 가져와 겉뜨기로 2코 모아뜨기,
겉뜨기 9코, 실 앞으로 가져와 겉뜨기로 2코 모아뜨기, 겉뜨기 9코, 실 앞으로 가져와 겉뜨기로 2코 모아뜨기, 겉뜨기 6코.

24개월: 겉뜨기 8코, 실 앞으로 가져와 겉뜨기로 2코 모아뜨기, 겉뜨기 10코, 실 앞으로 가져와 겉뜨기로 2코 모아뜨기,
겉뜨기 10코, 실 앞으로 가져와 겉뜨기로 2코 모아뜨기, 겉뜨기 12코, 실 앞으로 가져와 겉뜨기로 2코 모아뜨기,
겉뜨기 10코, 실 앞으로 가져와 겉뜨기로 2코 모아뜨기, 겉뜨기 10코, 실 앞으로 가져와 겉뜨기로 2코 모아뜨기, 겉뜨기 7코.

6   안뜨기 1단

7   겉뜨기로 2코 모아뜨기 후에 겉뜨기 1코, 안뜨기 1코를 반복하여 1코 고무뜨기 16단을 한다. (70/78코)

8   모든 코를 코막음한다.

9   같은 방식으로 한 장을 더 뜬다.

10 겉면이 바깥으로 오도록 두 장을 포개놓고, 돗바늘로 양옆을 꿰맨다.

끈 만들기

1   3mm 장갑바늘로 4코를 잡아 아이코드 방식으로 80cm 뜬다.

2   끈을 허리춤에 꿰어 리본으로 묶는다.

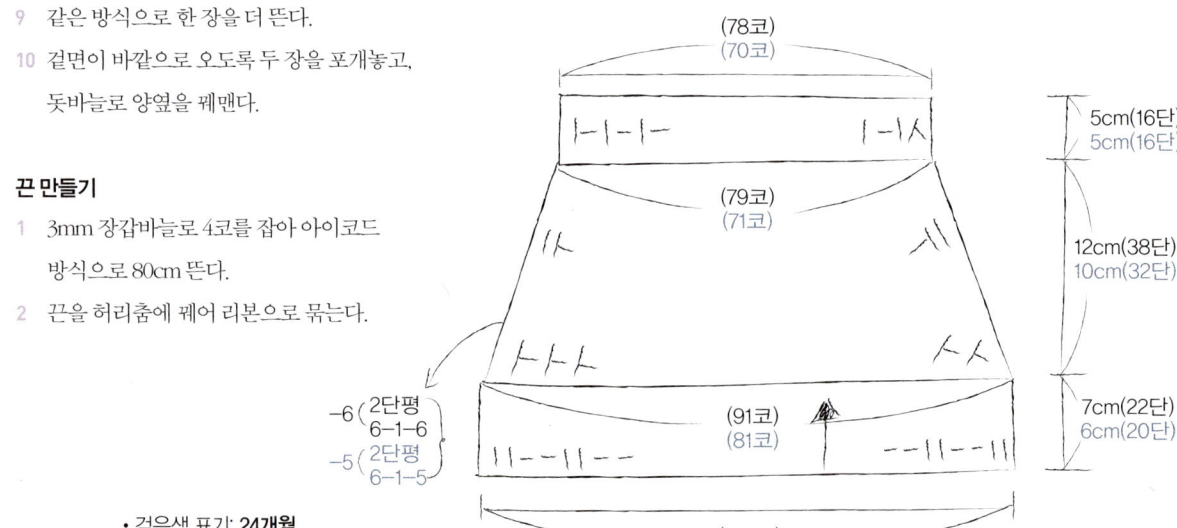

• 검은색 표기: **24개월**
• 파란색 표기: **12개월**

19 장갑(a)

완성 사이즈 Free size(12~24개월)

실 울 믹스컬러 60g 1볼, 파란색 60g 1볼

바늘 장갑바늘 3.5mm 4개

부재료 돗바늘, 여분의 실

게이지 25코 × 33단 메리야스뜨기

도구와 기법 73~111쪽 참조

p. 64-65

How To Make

왼쪽 장갑

1 믹스컬러 실을 사용해서 장갑바늘 3개에 각각 10-10-12코로 총 32코를 잡는다.

2 원형뜨기로 진행, 겉뜨기 1코 안뜨기 1코를 반복하며 16단 뜬다.

3 이제는 겉뜨기로만 5단 뜬다.

*4 겉뜨기 2코 후 여분의 실로 겉뜨기 5코를 뜬다. 이 5코는 나중에 엄지손가락 부분이 된다.

*5 여분의 실로 뜬 코를 다시 왼쪽 바늘에 그대로 옮긴다.

*6 다시 믹스컬러 실로 진행, 겉뜨기 30코를 떠서 1단을 완성한다.

7 겉뜨기로 10단 더 진행한다.

8 파란색 실로 바꿔 겉뜨기로 5단을 뜬다.

9 (겉뜨기 6코, 겉뜨기로 2코 모아뜨기) × 4회 반복한다. (28코)

10 (겉뜨기 5코, 겉뜨기로 2코 모아뜨기) × 4회 반복한다. (24코)

11 (겉뜨기 4코, 겉뜨기로 2코 모아뜨기) × 4회 반복한다. (20코)

12 (겉뜨기 3코, 겉뜨기로 2코 모아뜨기) × 4회 반복한다. (16코)

13 (겉뜨기 2코, 겉뜨기로 2코 모아뜨기) × 4회 반복한다. (12코)

14 (겉뜨기 1코, 겉뜨기로 2코 모아뜨기) × 4회 반복한다. (8코)

15 실을 끊고 돗바늘에 꿴 후, 모든 코에 2~3번 통과시켜 꽉 당긴다.

엄지손가락 부분

1 여분의 실로 뜬 5코를 푸르면서 아랫단에서 5코, 윗단에서 4코, 총 9코를 잡는다.

2 믹스컬러 실을 새로 연결해서 아랫단 오른쪽 코부터 겉뜨기하는데, 윗단 넘어가기 전 세로 단에서 2코를 줍는다.

윗단에서 아랫단으로 넘어가기 전에도 마찬가지로 2코를 줍는다. (총 13코)

3개의 바늘에 코를 나눠 건 후, 원형뜨기로 겉뜨기 10단을 뜬다.

3 (겉뜨기 2코, 겉뜨기로 2코 모아뜨기) × 2회, 겉뜨기 3코, 겉뜨기로 2코 모아뜨기. (10코)

4 (겉뜨기 1코, 겉뜨기로 2코 모아뜨기) × 2회, 겉뜨기 2코, 겉뜨기로 2코 모아뜨기. (7코)

5 (겉뜨기로 2코 모아뜨기) × 2회, 겉뜨기 1코, 겉뜨기로 2코 모아뜨기. (4코)

6 실을 끊고 돗바늘을 꿴 후, 모든 코에 2~3번 통과시켜 꽉 당긴다.

오른쪽 장갑

왼쪽 장갑과 모든 과정이 동일하나 *과정 4-6의 엄지손가락 위치만 바뀐다.

1 겉뜨기 25코 후, 여분의 실로 겉뜨기 5코를 뜬다.

2 여분의 실로 뜬 코를 다시 왼쪽 바늘에 그대로 옮긴다.

3 다시 믹스컬러 실로 진행, 겉뜨기 7코를 진행하여 1단을 완성한다.

끈 만들기

1 장갑바늘로 4코 잡아서 아이코드를 70cm가 될 때까지 뜬다.

2 장갑 양쪽에 아이코드로 뜬 끈을 연결해서 마무리한다.

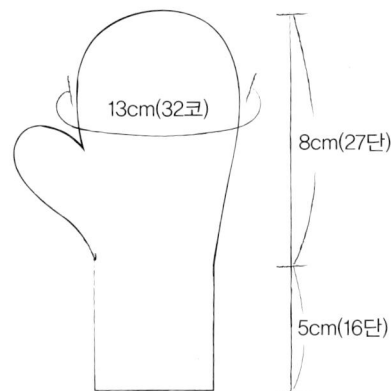

13cm(32코)

8cm(27단)

5cm(16단)

19 골지 머플러(b)

완성 사이즈 Free size 12~24개월

실 울 믹스컬러 60g 2볼

바늘 대바늘 4mm

부재료 돗바늘

게이지 24코 × 17단 변형고무뜨기

도구와 기법 73~111쪽 참조

p. 64-65

How To Make

1　4mm 대바늘에 21코를 잡는다.

2　실을 안뜨기 할 때처럼 앞으로 가져온다(첫 번째 코에서의 실 위치는 바늘과 바늘 사이 말고 자연스럽게 편물 앞으로 놓이게 하면 된다).

3　1코를 뜨지 말고 안뜨기하듯 그대로 오른쪽 바늘로 넘긴다.

4　다음 2코를 한번에 겉뜨기한다. 이때 실은 앞에서 뒤로 감아진다.

*5　바늘과 바늘 사이로 실을 당겨 앞으로 가져온다.

*6　1코를 뜨지 말고 안뜨기하듯 그대로 오른쪽 바늘로 넘긴다.

*7　2코를 한번에 겉뜨기한다. 이때 실은 앞에서 뒤로 감아진다.

　　이렇게 과정 5-7의 3코가 한 패턴이다. 코가 없어질 때까지 반복하고 다음 단으로 넘어간다.

　　다만 첫 번째 코를 시작할 때 실 위치에 주의한다.

8　1코 넘겼던 코는 하나씩, 2코를 한 번에 떴던 코는 두 코씩 잡아 덮어씌우며 코막음한다.

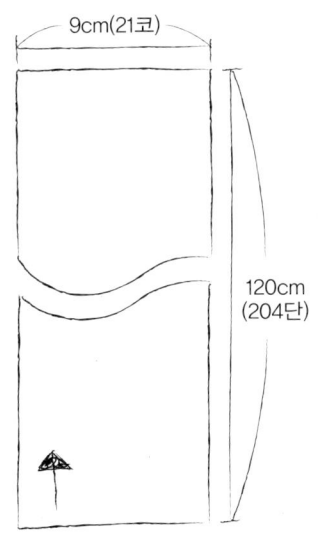

9cm(21코)

120cm
(204단)

20 ## 베이비 블랭킷

완성 사이즈 가로 120cm × 세로 210cm

실 캐시미어 회색 100g 7볼, 흰색 100g 1볼

바늘 줄대바늘 3mm, 5mm

부재료 돗바늘

게이지 22코 × 27단 메리야스뜨기

도구와 기법 73~111쪽 참조

p. 66-67

How To Make

1 여분의 실로 5mm 줄대바늘에 260코 잡는다.

2 캐시미어 실로 겉뜨기 단부터 시작한다.

   메리야스뜨기 420cm(1130단) 진행하며 중간에 흰색 실을 사용해서

   랜덤으로 스트라이프 무늬를 넣는다.

3 시작코를 잡았던 부분으로 돌아가, 3mm 줄대바늘을 사용하여 캐시미어 실로 처음 떴던 코를 줍는다.

4 코를 잡았던 여분의 실은 모두 잘라낸다.

5 겉면이 안쪽으로 만나게 접은 후, 앞뒤 양쪽 코를 같이 덮어씌우며 코막음한다.

6 겉면이 바깥으로 오도록 뒤집은 후, 돗바늘로 양쪽 옆 부분을 꿰매 마무리한다.

TIP 스트라이프 무늬를 원하는 느낌으로 넣어, 나만의 특별한 블랭킷을 만들어보세요!

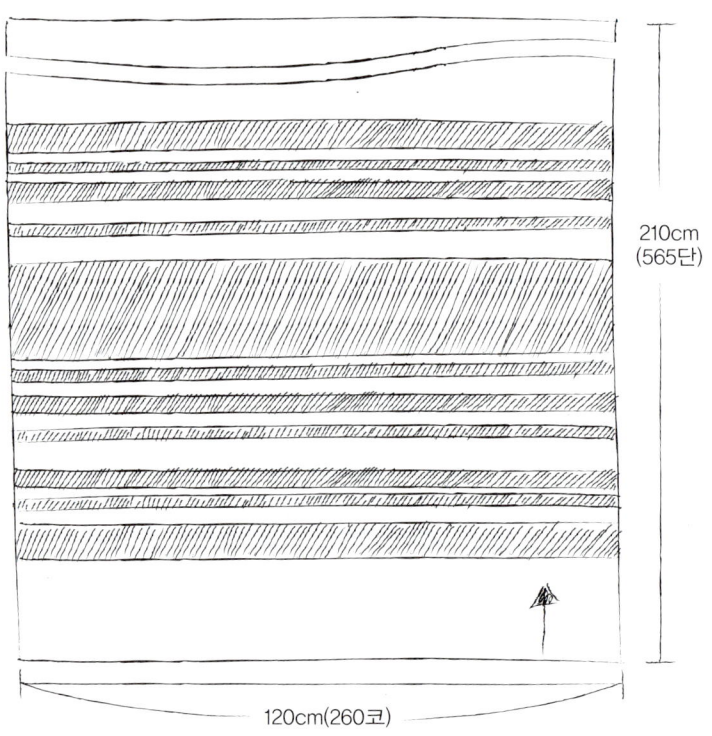

210cm
(565단)

120cm(260코)

21 루스핏 숄칼라 카디건(a)

완성 사이즈 12(24)개월

실 울 색 70g 4(4)볼

바늘 줄대바늘 6.5mm, 7mm

부재료 돗바늘, 단추 25mm 3개, 표시링

게이지 12코 × 16단 메리야스뜨기

도구와 기법 73∼111쪽 참조

※ '베이직 골지 비니(b)' 뜨는 법 137쪽 참조.

p. 68-70

How To Make

뒤판

1 7mm 줄대바늘로 37(43)코를 잡는다. 1코 고무뜨기로 총 8(8)단을 뜬다.

　이때 처음과 끝은 겉뜨기 2코가 되게 한다.

2 겉뜨기 단부터 시작해 메리야스뜨기로 28(32)단을 뜬다.

3 도안을 참고하여 양쪽 진동 부분을 줄이며, 메리야스뜨기 18(20)단을 진행한다.

4 나머지 17(19)코를 코막음한 후 실을 자른다.

왼쪽 앞판

1 7mm 줄대바늘로 20(22)코를 잡는다. 겉뜨기 1코부터 시작해 1코 고무뜨기로 8(8)단을 뜬다.

　끝은 겉뜨기 2코로 끝낸다.

2 겉뜨기 단부터 시작해 메리야스뜨기로 28(32)단을 뜬다.

3 도안을 참고하여 진동과 목둘레를 줄이며 메리야스뜨기 18(20)단을 진행한다.

4 나머지 2(2)코를 코막음한 후 실을 자른다.

* 대칭이 되도록 오른쪽 앞판을 한 장 더 뜬다.

소매

1 7mm 줄대바늘로 22(26)코를 잡는다. 겉뜨기 2코부터 시작해 1코 고무뜨기로 총 6(6)단을 뜬다.

2 도안을 참고하여 겉뜨기 단부터 시작해 양쪽 끝 1코 사이를 늘리며 메리야스뜨기로 26(30)단을 뜬다.

3 도안을 참고하여 양쪽 진동 부분을 줄이며 메리야스뜨기 18(20)단을 진행한다.

4 나머지 12(12)코를 코막음한 후 실을 자른다.

* 대칭이 되도록 한 장 더 뜬다.

연결하기

1 겉뜨기 면이 바깥으로 오도록 앞판과 뒤판을 포갠 후, 돗바늘을 이용하여 옆선을 이어준다.

2 겉뜨기 면이 바깥으로 오도록 소매를 반 접고, 돗바늘로 옆선을 이어준다.

3 소매와 몸통을 돗바늘로 이어준다.

단추단, 목둘레 칼라에서 코줍기

1 6.5mm 줄대바늘을 이용해 오른쪽 앞단 아랫부분부터 코를 줍는다.

시작할 때 미리 대바늘에 1코 만들고, 세로 단 한 단에 1코, 가로 코에서 1코에 1코, 사선 세로 단에서 1코에 1코를

잡는다. 마지막 코를 잡고 감아코로 1코 더 만든다. (125/139코)

2 안뜨기부터 시작해서 1코 고무단을 1단 뜬다.

3 이제 되돌아뜨기를 하며 숄칼라 뜰 준비를 한다.

12개월: 오른쪽 아래부터 37코와 38코 사이에 표시링을 건다.

왼쪽 아래부터 37코와 38코 사이에 표시링을 건다.

24개월: 오른쪽 아래부터 41코와 42코 사이에 표시링을 건다.

왼쪽 아래부터 41코와 42코 사이에 표시링을 건다.

4 오른쪽 앞판 밑단에서 부터 시작, 왼쪽 앞판 표시링 1코 전까지 뜨고 되돌아뜨기

5 편물을 돌린 후 오른쪽 앞판 표시링 1코 전까지 뜨고 되돌아뜨기.

6 편물을 돌린 후 왼쪽 앞판 되돌아뜨기 1코 전까지 뜨고 되돌아뜨기.

7 편물을 돌린 후 오른쪽 앞판 되돌아뜨기 1코 전까지 뜨고 되돌아뜨기.

8 과정 6-7을 1세트로 보고 3(5)세트 더 반복한다.

9 편물을 돌린 후 왼쪽 앞판 되돌아뜨기 부분의 코를 주워 단을 정리를 하면서 끝까지 뜬다.

10 단춧구멍을 만든다. 고무뜨기로 10(10)코 뜨고, 실 앞으로 가져와 겉뜨기로 2코 모아뜨기, (고무뜨기로 10(12)코

뜨고 실 앞으로 가져와 겉뜨기로 2코 모아뜨기)×2회 반복, 반대쪽 밑단까지 고무뜨기 진행.

11 고무뜨기 4단 더 진행 후, 돗바늘로 전체를 코막음한다.

12 단추를 달아 마무리한다.

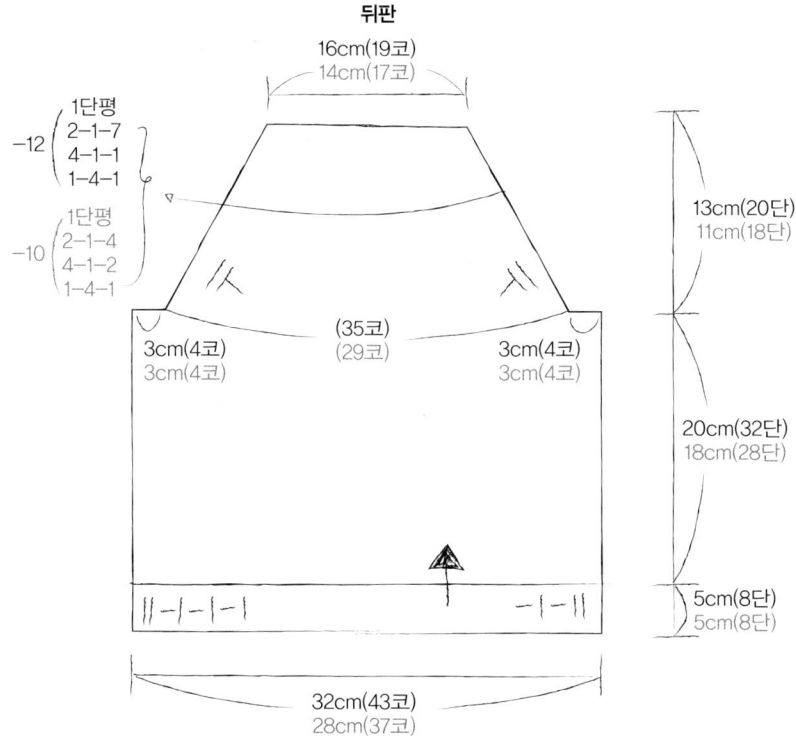

뒤판

왼쪽 앞판
(대칭이 되도록 오른쪽 앞판 한 장 더 뜬다)

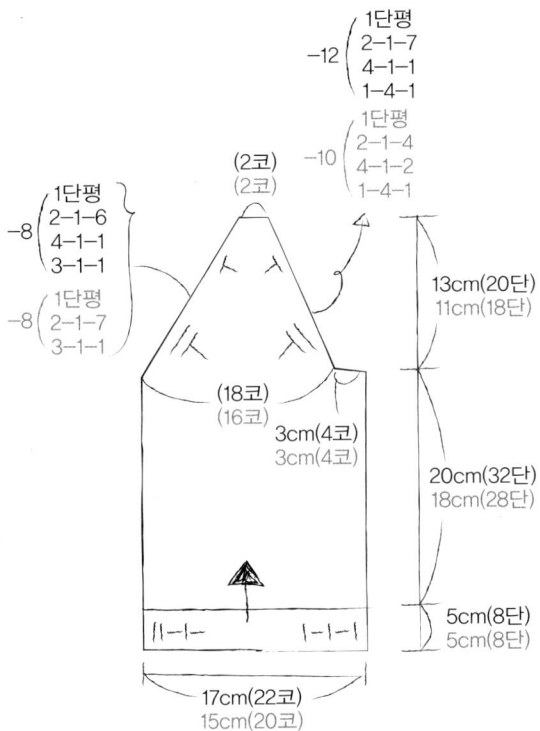

-12 〔 1단평
2-1-7
4-1-1
1-4-1

-10 〔 1단평
2-1-4
4-1-2
1-4-1

(2코)
(2코)

-8 〔 1단평
2-1-6
4-1-1
3-1-1

-8 〔 1단평
2-1-7
3-1-1

(18코)
(16코)

3cm(4코)
3cm(4코)

13cm(20단)
11cm(18단)

20cm(32단)
18cm(28단)

5cm(8단)
5cm(8단)

||-|- |-|-|

17cm(22코)
15cm(20코)

소매
(대칭이 되도록 한 장 더 뜬다)

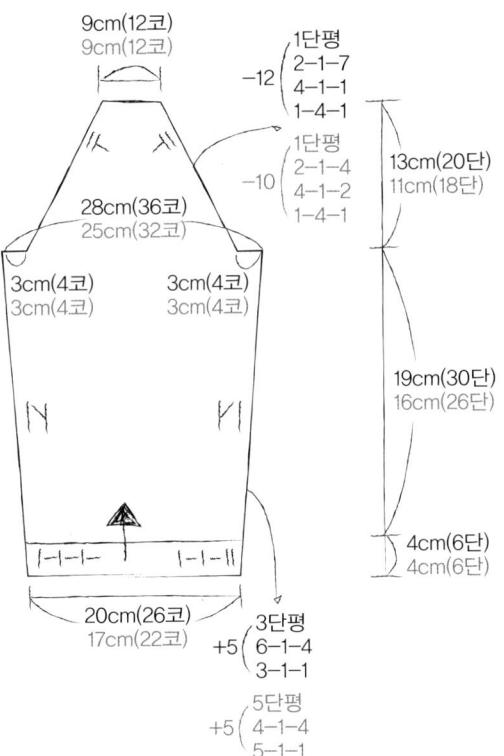

9cm(12코)
9cm(12코)

-12 〔 1단평
2-1-7
4-1-1
1-4-1

-10 〔 1단평
2-1-4
4-1-2
1-4-1

28cm(36코)
25cm(32코)

3cm(4코)   3cm(4코)
3cm(4코)   3cm(4코)

13cm(20단)
11cm(18단)

19cm(30단)
16cm(26단)

4cm(6단)
4cm(6단)

|-|-|- |-|-||

20cm(26코)
17cm(22코)

$+5$ 〔 3단평
6-1-4
3-1-1

$+5$ 〔 5단평
4-1-4
5-1-1

손뜨개 아이 옷,
메이드 바이 마미